El

Destino

Que nos Unió

DAFNE LANINA

Dedico este libro a cada uno de mis hermanos, por ser tan especiales y estar ahí siempre.

A mi madre que se que pronto volveremos a estar juntas allá donde se vaya... te quiero mamá.

Por supuesto a la mujer que me inspiro..."Ana"

Mando una dedicatoria especial para la mujer que me apoya en el día a día y para mi hijo Alberto el que estamos esperando con gran emoción e ilusión.

A los lectores que siento las faltas gramaticales y de ortografía, simplemente espero que les guste...Basado en hechos reales...

Donde Todo Empieza y Acaba

Allí estaba ella desnuda en mi cama, plácidamente dormida, mi cuerpo y su cuerpo abrazados, desnudos, complementados, encajábamos a la perfección. Mis dedos suavemente recorrían el color dorado de sus largas piernas, el silencio y su respiración me llevaban a recordar que anoche me llevo al cielo… me quedaría así toda la vida…se desperezo y se dio la vuelta mirándome con sus ojos color miel encontrándose con mis ojos azules, Te amo mi amor… y de la misma manera la bese y le dije yo te amo infinito + uno…Y así empezó mi vida…

La vida como en todo, tiene cosas buenas y cosas malas, siempre me he planteado la base de nuestra existencia, ¿quien no se lo ha planteado alguna vez?, ¿Por qué estoy aquí, para que? Antes llegaba siempre a la misma conclusión para sufrir, analizándolo se supone que nacemos por amor, pero al cabo del tiempo empiezan las cosas, creces, empiezas a responsabilizarte de tu vida, sin darte cuenta a medida que esto sucede, por alguna extraña razón tomas tus decisiones buenas o malas, nunca caen a gusto a todo el mundo e incluso a veces ni a uno mismo. A medida que sucede esto los demás también envejecen, tus padres, tus hermanos, yo siendo la menor de mi familia, pienso lo siguiente por ley de vida tengo que ver morir a todos, a mis padres, a mis hermanos, y digo "joder cuanto sufrimiento…".

Ahora todo cambio desde que conocí a Ana bueno ella tiene que morir al igual que todos, pero espero adelantarme a ella, (se que tengo un humor un tanto negro, dicen mis amigos) sin embargo ella me hizo cambiar mi idea sobre el mundo, con ella todo eran alegrías, si claro como cualquier pareja discutimos de vez en cuando, pero me encanta acallar sus enfados con un beso apasionado, siempre funciona…

Algo me llevo a ella, yo pienso que fue el destino quien siempre nos ha unido, siempre...

El destino nos mueve, vayamos por un camino u otro, haya esta el destino porque aunque cambiemos de camino, el que tomamos es el que estaba marcado, cambiar de decisión en el último momento era lo que teníamos que hacer, ¿libre albedrío? Yo creo que haga lo que haga, decida lo que decida, llegare a lo mismo y siempre encontrare mi destino, mis decisiones pueden ser acertadas o no acertadas pero empecé mi camino desde que nací hasta el día de hoy y bueno ¿cambiarías algo de tu vida? Yo cambiaría demasiadas cosas, pero si he hecho, y hago las cosas de una forma u otra, se que haya donde vaya me encontrare a mi misma, ¿de ninguna manera se puede modificar nuestro destino? Si se pudiera modificar, tener la libertad de elegir mi destino, pensar en mi vida como quiero que sea, pedir un deseo y que todo lo que quiera se cumpla. En mis sueños a veces se cumple, pero termino por despertar y sigue todo igual.

Todos nacemos por que un macho y una hembra se aparean, no es por azar, es por deseo, por amor, y porque dos partes se juntan para formar una, y así sucesivamente a lo largo de la vida, nacemos, nos reproducimos y morimos... esa es la teoría, pero cuando morimos, ¿ya esta? Pues yo pienso que no, simplemente volvemos a nacer y hacemos lo mismo de diferentes maneras.

¿Reencarnación?

Y todo esto me lleva a pensar cual es el recorrido que llevado desde que nací, el 17 de Agosto de 1980, en mi ciudad natal Avilés (Asturias), era una niña regordeta, de orejas pequeñas, según me contaba mi mama, no me gustaba chupar de la teta (cosas de la vida), y me encantaba dormir encima de la mesa, la pobre de mi mama, terminaba rendida hasta que me dormía e incluso a veces ella también se quedaba dormidita junto a mi. Pelo rubio, de ojos azules grisáceos, verdosos con un puntito marrón en cada uno de ellos, simétricos, según la luz del sol se ven de un color o de otro, cada persona los ve de manera distinta, pero la mayoría dicen que son azules. De tez blanca, cara simpática y un trasto de niña, me gustaba jugar al fútbol, las bicis, tirarme en patinete por las cuestas, era buena jugando al fútbol, y los compañeros del colegio siempre querían que jugara con ellos. Mi padre era un hombre muy autoritario, Andaluz de Granada, que emigro a Asturias por cuestiones de trabajo, siempre me decía que "las niñas tenían que jugar con las niñas", pero a mi aquellos juegos de muñecas me aburrían, y terminaba escaqueándome para jugar con los nenes. Mi madre sin embargo era una dulzura de mujer, Gallega, De Santiago de Compostela, dulce, siempre tan buena con cada uno de sus hijos, nos quería y nos cuidaba a todos, cada uno con sus defectos y virtudes, y siempre estaba ahí para ayudarnos. Esa fue mi niñez....

Luego comencé mi adolescencia, edad complicada. Era un día cualquiera, un día de invierno, frió en la calle, yo estaba en mi casa después de clase, con la calefacción a todo dar, mi pijama de invierno, me disponía a estudiar pero esa no iba a ser como una tarde cualquiera, era diferente porque aquí iba a empezar mi andadura para poder descubrirme a mi misma.

Según fui creciendo empecé a sentirme atraída casi siempre por las amigas de mi hermana, creía que era simple admiración, pero al final entendí que no era eso precisamente lo que sentía.

Había una amiga de mi hermana, de la cual me enamore, el amor platónico ese del que todas las personas hablan, ese amor no correspondido que idealizamos, con el cual simplemente hay una pura y sincera amistad. Era una persona que con solo rozarme o darme un abrazo, un simple beso en la mejilla, me elevaba al séptimo cielo, si oh mi querida Julia.

A mis 14 años, empecé a salir de fiesta a la discoteca, a los after y bueno ella era la mejor amiga de mi hermana, pelirroja, pelo rizado, tez blanca, alta, delgada, guapa, tenia una labia que solo con verla hablar te hipnotizaba.

Un Lunes antes de uno de los exámenes de mi hermana Luisa del Instituto, cuando yo aun iba al colegio ya que tenia 14 años, mi hermana trajo a Julia a estudiar a casa, Luisa es muy controladora, siempre hay que hacer las cosas como le gusta a ella, es la típica de la limpieza impecable, la ropa la ordenaba bien planchadita por color, por orden, por tipo de ropa, camisetas con camisetas, camisas con camisas, vaqueros con vaqueros, todo bien ordenado en su lado del armario. Mi lado del armario era todo lo contrario, si lo admito era un completo desastre, éramos dos extremos, yo era perdidamente desordenada, me ponía la ropa y sin doblarla ni nada la volvía a meter en el armario, así terminaba mi lado como una montaña de ropa que irremediablemente invadía la parte de mi hermana y eso la enervaba. Cuando me iba a poner algo muchas veces estaba arrugado y mi madre vuelta a plancharla, bendita madre la mía, a veces yo misma me hartaba y hacia lo típico decía para lavar, la ponía en el cesto de la ropa, y así mi mama me la volvía a lavar y a planchar. Mi hermana al final también se hartaba y terminaba por colocármela.

Si vaga, soy una vaga, pero también tengo mis cosas buenas. Lo de la ropa hoy por hoy ha mejorado, aunque sigo siendo un desastre, pero es como digo yo, que dentro de mi desorden siempre lo encuentro todo y por otro lado cuando esta todo ordenado y colocado siento como una especie de paz, pero jamás encuentro lo que busco.

Lo que mas me enfermaba de mi hermana, es que siempre me mandaba a mi hacer cosas de esas que uno va a hacer, pero que suele mandar a los demás, aun pudiéndolas hacer ella. Pongo un ejemplo, yo cuando friego el suelo cojo el cubo, lo lleno de agua, le hecho la lejía, y su detergente y friego, hasta ahí todo normal, pues mi hermana no, me llamaba y me decía "Maggie tráeme el cubo con el agua y el detergente que voy a fregar", y yo me decía leches pues si vas a fregar cógelo tú, al final terminaba yo por llevárselo como su querida hermana sumisa.

Cuando Julia vino a mi casa, me puse a estudiar con ellas dos en la mesa, y mi hermana cogió y me mando a por patatitas a la cocina para que mientras estudiábamos picaran algo, yo no quería patatitas de hecho si las hubiera querido las hubiera cogido, pues me manda a mi, me negué rotundamente, le dije que fuera ella. Mientras mi hermana ponía las patatas en un plato en la cocina, Julia y yo en el salón estábamos conversando, yo le decía a Julia "ahora cuando vuelva me dirá que vaya y cierre todas las persianas, es una mandona..." Mi hermana volvió y según como se sentó lo dijo, "Maggie cierra las persianas", Julia y yo llorábamos de risa, mi hermana se quedo perpleja, fui y le hice caso cerré las persianas. Al cabo de un rato, Julia se iba ya para su casa, se acerco a mi y me dijo, "me has caído muy bien, ¿porque no te vienes un día con nosotras a la discoteca y te presento a mi hermana que es de tu edad?, ella sale conmigo...". Así que así hice empecé a salir con la pandilla de mi hermana.

Un día en un pub de los que íbamos a tomar unas sidras, pues en ese pub estaba sonando la canción "estación del querer", (Cada tarde que oscurece surgen nuevas ilusiones otra vez, solo e

Espero ver su cuerpo en la llegada de ese tren, La quiero tener porque sin su amor, mi sueño se ha marchado....de Camela...) Bueno pues en ese pub a Julia no se le ocurrió mejor cosa que cogerme de la cintura, por detrás y agarradita a mi se puso a bailar. Yo cerré mis ojos, y un cosquilleo me recorrió el cuerpo desde la punta de mis pies hasta el último pelo de mi cabeza, fue como un subidón de adrenalina, recuerdo muy bien aquella sensación, era como estar en una nube de algodón, volar, me sentía volar, y entonces descubrí que estaba colgadísima por Julia, me moría por verla cada día desde aquel momento. Después de varios fines de semana, decidí contar que sentía por las mujeres en general, conté que me gustaban las chicas a la pandilla de mi hermana, que ya de aquella también era la mía, mi hermana se quedo boquiabierta sin poder comprender lo que estaba contando. Julia sin embargo después, cuando salíamos del pub, camino de la discoteca, me agarro de la cintura y me dijo, bueno no te preocupes Maggie, a mi no me importa, es como si a mi me gusta Pablo (un amigo de la pandilla) da igual que sean dos chicas, o dos chicos, o chico y chica, significa amor, es lo mismo. Yo pensaba no, no es lo mismo, y se lo dije, "no es lo mismo porque en este caso me gustas tu... Julia". La reacción de Julia fue sorprendente, me cogió de la mano, y dijo "hoy vas a ser mi novia por una día", y así hizo a pesar de que ella tenía novio, y que como cada sábado al verlo se iba a enrollar con él, a pesar de eso Julia se pasó esa tarde de sábado pendiente de mí. De hecho me saco con la escusa de buscar a mi hermana a la pista de baile, justo cuando ponían las lentas, y si, allí en la pista le dije "¿bailas conmigo?, y ella me respondió "Vale solo una, pero sin nada de mariconadas, besos, como dos amigas..." así lo hicimos, pero en vez de una canción, fue la media hora que duro la sesión de lentas, cuando terminamos casi de bailar, me dijo, "Si fueras un chico, pasaría del gilipollas de Gabriel y estaría contigo", para mi fue suficiente sus palabras, me di cuenta que siempre seria ese amor puro y sincero, MI AMOR PLATÓNICO , que nunca podrá ser consumado solo y simplemente porque a ella le gustaban los hombres.

Mis padres cuyo hobby u afición era cambiarse de casa, cada dos años nos hacían cambiar de amigos y de ciudad, pero siempre dentro de territorio Astur, sin embargo la penúltima vez que lo hicieron nos cambiaron de mapa, Del territorio del Norte Asturias, nos fuimos a Granada al otro extremo de España, separando a hermanos en Asturias que ya tenían su pareja, y su vida hecha, de los que nos fuimos a Granada.

Para mi eso me descuadro totalmente los esquemas, yo no quería separarme de mis hermanos, yo creo que mis padres no se dieron cuenta del impacto trascendental que tendría el hecho de un cambio tan bestial como el que hicieron. Imaginarme sin mis hermanos, que nos veríamos de cuando en cuando y cada vez menos, es como si de golpe y porrazo todo lo unido se desuniera. Por eso el hecho del destino, el destino me llevo a Granada. En el Instituto de Granada conocí a un profesor el cual me aconsejo ya que a mi me gustaba la informática que al terminar mis estudios de bachillerato me metiera en un grado superior de Informática, le hice caso y estudie Técnico Superior de Desarrollo de Aplicaciones Informáticas para luego ir a la Universidad.

Allí en Granada conocí a muchas personas que marcaron mi vida, y la vida de mi familia, lo normal es que uno viva su vida donde nace, con su familia, hermanos, tíos, primos, pero no, mi familia era diferente, cuando cambias de vivir de un sitio a otro, conoces "nuevas culturas", la forma de ser de un Asturiano es diferente a la forma de ser de un Granadino, cambian las costumbres, la forma de llamar a las cosas, e incluso me llegaron discriminar por mi acento norteño, que poco a poco se ha ido mermando por todos los cambios que ido sufriendo, de hecho creo que mi acento se a vuelto un poco neutro, o yo lo veo así.

El Ambiente

-Entre en un Chat de esos que hay por ahí, un amigo mío hizo las presentaciones, se metió por mi, yo aun no reconocía mi sexualidad, me costaba mucho expresarme en lo que al sexo se refería, como dirían mis amigas una ingenua en absoluto. Mi amigo Richie entro por mi y comenzó a hablar con una tal Lisa, y al ratito me puso a hablar con ella, todo esto en mis clases de FP, estaba estudiando Programación, así que me puse hablar con la tal Lisa, al rato de hablar con ella quede para descubrir un poco o decidir a través de los ojos de otra persona que podría llegar a sentir, quedamos en la tarde, comimos, charlamos, y bueno me dijo que una cosa era la identidad sexual y otra la identidad de género, me sentía bastante confundida... El caso es que desde bien pequeñita igual no en todas las personas es lo mismo, pero en mi caso, me encantaban los juegos de chicos, e incluso cuando las niñas jugaban a papas y mamas yo siempre quería ser el papa, el chico de la chica-.

Cuéntame eso Lisa ¿Cómo que existen dos diferencias, la de género y la de sexualidad?

Si bueno te explico no se si te habrás dado cuenta pero realmente soy un chico y no me llamo Lisa mi nombre real es Jorge, y bueno ese es mi género pero realmente me siento encerrada en este cuerpo de hombre, me gustaría ser mujer, así que me estoy tomando hormonas para conseguirlo y quiero realizar el cambio completo, operarme ya sabes -yo no me sorprendí, me sorprendió el saber que quería ser chica por lo que me siguió contando- y bueno te cuento que me gustan las mujeres esa es mi sexualidad me gustan mucho las mujeres, quiero ser lesbiana- yo pensé ¿como puede ser?, cada uno tiene sus pensamientos y sus líos mentales, pero yo me hice una paja mental descomunal, pensé que realmente era un problema, a mi me gustan mucho las mujeres, pero preferiría ser un chico para poder estar con cualquier de ellas sin ningún problema. Que pensamiento más heterosexual me dije a mi misma, seguimos hablando dando un paseo mientras Lisa me explicaba como era el cambio y que tenia que hacer para cuando cambiara de sexo no se le cerrara la vagina y bueno la verdad, es que me escandalizaba por escuchar todas esas cosas, al rato me presento a dos amigas suyas, Leire y Lola ambas estaban en una charla muy amena, para ellas claro, yo no me entere de nada. Tenían sus propias jergas y juegos de palabras. Leire me pareció preciosa, era rubia, algo regordeta con sus cartucheras, tenia un buen culo, pocas tetas, pero su cara blanca con sus dos ojos azules, su 60 kilos, de mi estatura, su piel era suave, parecía una persona inteligente y al igual que mi amor platónico Julia, tenia una labia increíble, es de esas personas que parece que conoces de toda la vida, transparente. Todo lo contrario que Lola, la veía una persona oscura, tenia ese estilo de personas que ya de primeras sabes que no te puedes fiar, de esas que te miran por encima del hombro, que dicen ser tus amigas, pero que luego por la espalda hablan de ti perrerías. Leire y Lola parecían pareja, ellas se reían haciéndole bromas a Lisa sobre mi, insinuándole que si le gustaba que si estábamos juntas, en fin… yo me quede pilladísima, si la acababa conocer y para nada me atraía lo mas mínimo, solo me caían bien de primeras, poco a poco empecé a quedar con ellas, a meterme en ese mundillo o círculo de personas y así empecé a salir por el ambiente.

Yo con mi pinta de heterosexual no me comía un rosco y me sentía muy sola y fea en aquellos momentos cuando salía de fiesta, pero cuando me miraba al espejo me veía guapísima, me decía Maggie eres guapísima, ojos azules, castaña (si se me había oscurecido mucho el pelo), delgada, 1,68 no se yo me veía bien, modestia a parte… Pero nada, ni mi abrigo largo, ni mis ojos azules, maquillada, nada de nada, vaya que un día me dijo Leire, Maggie has de cambiar el estilo, no pareces lesbiana y se asustan al verte (¿acaso las lesbianas tenemos un estilo propio diferente de las heterosexuales? Después de muchos años me he dado cuenta de que nada de eso es cierto, no hay estereotipos, depende de la mujer). Me llevo de compras, me puse un look un poco más informal para salir de fiesta. Leire me decía tienes que ser mas atrevida, bébete una copa y lánzate, le hice caso, me tome una coronita, jamás bebía así que directamente se me subió a la cabeza.

Por allí pasaba una chica morena de pelo corto, con un estilo un poco a chico, delgada de mi estatura más o menos, llevaba unos pantalones vaqueros marrones y una camiseta de tirantes gris, también llevaba un colgante con la señal de la paz con un cordón negro, los ojos no se, no recuerdo bien ya que se veía muy oscuro, los pubs siempre tienen poca luz, creo que eran marrones.

La pare en las escaleras y le dije- Creo que me he enamorado de ti – (seguro que pensó que estaba loca), me miro como diciendo que dice la tía esta, siguió para delante y se fue con sus amigas que casualmente estaban al lado de las mías.

Le conté a Leire lo que le había hecho, y me dice te esta todo el rato mirando, has ligado, has ligado, ¡Maggie a ligado!

Olga (así se llamaba) se acerco a mí y me dijo ¿hola, que tal estas?

Buena frase para empezar pensé, bien gracias y tú.

Yo bien, quería preguntarte que ¿porque me has dicho eso antes?

No se , te he visto por las escaleras y ha sido un flechazo (que labia que tengo), -bueno como no sabia que hacer ni decir, cogí y decidí presentarle a mis nuevas amigas, empecé por Lola, Lisa, y claro Leire, Leire a su vez dijo,-

"Maggie te presento a Olga", -estaba claro todo para que le diera un beso, y lo hice le di dos besos uno en cada mejilla, Leire como no es de extrañar prosiguió con el juego y yo y Olga accedimos,- "Maggie te presento a Olga, Olga te presento a Maggie", -así en varias ocasiones,-

Leire me miraba y me decía bueno te decides o que, así que a la siguiente presentación, le siguió un beso en la comisura de los labios. Olga al ver que yo era una cortada, me pego un morreo sin mas dilaciones, y allí me empotro contra la pared y empezó a besarme sin parar, sus labios eran gorditos, su lengua húmeda recorría mi boca, y mi libido subía de una manera desmesurada, me recorrían unas cosquillas en el estomago súper raras, pensaba dios me gusta mucho, me gustan sus besos, su boca, la manera de manejar la situación, su determinación, ¡como me puso!

Al rato creo que se canso de los besos y quiso pasar a la acción, así que me dejo un momento para hablar con sus amigas, ambas gallegas, se volvió hacia mi con unas llaves de hotel, me sorprendió, me dijo- "Que vamos al hotel y terminamos lo empezado", -le dije que no por supuesto, si soy una puritana que le vamos a hacer, insistió varias veces, al ver mi negativa se fue dejándome su teléfono.

Al rato también nos fuimos nosotras a casa, Lisa se tiro la noche sentada en unas escaleras, y al regreso durante todo el paseo sin hablarme, le pregunte -"¿que te pasa?", -y me soltó "nada" tres o cuatro veces, parecía haberse puesto celosa por mi lío con Olga, pero yo estaba sumida aun en mi nube personal, Leire y Lola se iban riendo de Lisa, diciendo que no solo porque le había lavado los platos, y le había hecho caso y quedaba con ella no me iba a liar, le intentaron entrar en razón, yo realmente no quería follones, le explique que no me gustaba. Se echo a llorar, no entendía que no era posible nuestra relación, había descubierto mi sexualidad y ella no entraba en mis planes.

Me fui a casa de mi hermana, ya que la casa de mis padres quedaba demasiado lejos del centro. La casa de mi hermana era un tanto pequeña pero tenia una habitación disponible para mí y claro estando en su casa no tenía hora de llegada, me quede pensando toda la noche en Olga, en sus besos, en si debía de haberme ido al hotel pero a pesar de que por fin me lié con una mujer, me hacia cosquillas el estomago y la cosa me empezaba a gustar, no entendía como así de primeras sin conocerme, sin conocernos me pedía algo tan íntimo, no se, seré muy tradicional pero no una simple atracción me llevaría a la cama con alguien, tenia que ser una mujer muy especial quien lo consiguiera.-

Al día siguiente.

–Llame a Olga y me explico que se enrolló conmigo porque solo quería vengarse de su novia, por despecho, y bueno habían vuelto aquella misma noche cuando volvió a su casa, y si, cuando me contó lo de su novia me sentí un poco desilusionada, me había utilizado y me trato como un objeto, bueno al menos había sacado algo en claro, ya si estaba segura ¡me gustaban las mujeres!

Me di cuenta que cuando había besado a algún hombre jamás me había recorrido tantas sensaciones, simplemente sentía un vacío, parecía estar besándome la mano como cuando hacíamos en el colegio para entrenar pos si se daba la posibilidad, hacerlo bien. Bueno creo que me ponía mas besarme la mano que besar a un chico, lo siento pero si, parecía como si estuviera besando a una pared, no sentía absolutamente nada, no me daba placer e incluso a veces me daba asco.–

–A veces simplemente lo hacia porque el chico me parecía guapo o atractivo y mis amigas heterosexuales lo hacían todas, así que tome esa dinámica.

Cuando conocí a Richie le explique mis pensamientos, le explique que me sentía atraída por las mujeres, y que tenía un sentimiento incontrolable, que no lograba explicar…

De aquella yo tenia novio, él era guapísimo, rubio solía ponerse el pelo de pincho, tenia los ojos verdes cristalinos, era alto, muy delgado, tan delgado que yo no se si era fibroso o que, pero se le marcaban los abdominales, parecían onzas de chocolate, a parte de esto era muy educado, vaya guapo, educado, todo lo que una mujer puede buscar en un hombre.–

Yo me comportaba como cualquier chica de 22 años, mantenía relaciones sexuales satisfactorias con él, entraba a mi casa, mis padres estaban súper contentos e incluso hablábamos de casarnos, tener hijos, formar una familia… pero algo me decía que no era lo que estaba buscando, deseaba a las mujeres, cuando salía a pasear con Fran, por los parques de Granada, veía a las mujeres pasear con sus respectivos novios, y siempre me sacudía el mismo pensamiento, quien fuera ese chico para estar con esa maravillosa mujer.

Llegaba a imaginar mentalmente como seria hacer el amor con todas esas mujeres, pensaba si yo fuera un chico, seria como Fran ya que era un chico excepcional como hombre, le faltaba esa chispa de chulería y sangre, pero era bueno, demasiado bueno… pensé que yo sería como un príncipe azul, que todas las mujeres me desearían, desearían estar conmigo por que, como decía mi amigo, piensas como un chico y sabes lo que le gustan a las mujeres. Realmente se lo que me gusta a mi cuando lo hago con Fran, pero no se si todas serán iguales, si les gustara lo mismo, me asaltaban dudas de todo tipo, ¿como lo harían dos chicas?, bueno tonta no soy pero me lo planteaba muy a menudo y ¿que era lo que tenia que hacer, como debería comportarme?, solo sabía como besarlas, pero también hay que tener en cuenta que cada cual besa de una forma diferente o te adaptas o te adaptan, y viceversa. Casi nunca encuentras a alguien que bese exactamente como tú sabes besar o como te gusta que te besen.

Así que mis días siguieron poco a poco, entre pensamientos, paseaba por mi mente intentando en mis sueños ¿como seria estar con una chica, como la manejaría con mis manos?, de vez en cuando entraba en el Chat y en diversas ocasiones les preguntaba a las chicas que allí se reunían, como era hacerlo con una mujer, mis dudas nadie las resolvían siempre decían déjate llevar, y yo pensaba que me deje llevar, si ni siquiera se si saldré corriendo. Todas estas curiosidades me asaltaban a cualquier hora del día, tenía la necesidad inevitable de enamorarme, estaba abierta a que entrara en mi corazón una mujer excepcional y maravillosa.

Fran y yo nos llevábamos muy bien, tan bien que nunca discutíamos, y bueno el día a día con él era una rutina, siempre me llevaba a los mismos lugares, hacíamos las mismas cosas, era todo tan monótono que andaba cansada después de 5 años de relación, claro que lo quería, pero no era amor era cariño.-

-A veces entraba en los Chats y conocía a chicas, todas siempre heterosexuales, por lo que me divertía haciéndome pasar por hombre, cuando las veía que les gustaba, terminaba por contarles la verdad, que realmente era una chica y que me gustaría ser un chico, de entonces ese era mi pensamiento, yo tuve que pasar por todo ese proceso para darme cuenta de mi sexualidad.

Una de esas chicas del Chat, Claudia, ella era de Bolivia, morenita de piel, un cuerpazo, la foto que me mando era de una modelo, era muy guapa, dijo enamorarse de mi, y yo de ella, no le importo mi pequeña mentira, dijo que se enamoro de mi persona y que le daba igual mi sexo, le daba igual que fuera hombre o mujer. Resulto ser una completa mentirosa, pero también hizo algo bueno, me hizo reflexionar sobre mi relación con Fran y tome la decisión de dejarlo con él.

Buscando Un Amor

17 Febrero 2003

–Otro día más en mi vida, pero no un día cualquiera, entre en el Chat y aquel nick me llamo, me atrajo, será el destino pensé, el destino nos lleva por distintos caminos, y bueno aquel día mi corazón estaba abierto a encontrar algo que desde ya hacia tiempo necesitaba sentir, aunque a pesar de mis intentos jamás había encontrado, así que pensé que no tenía nada que perder... Allí entre y empecé a hablar con una chica, Almaycorazon81, eso tenia yo alma y corazón....

Maggie80: Hola, ¿como estas preciosa? (dije así con un poco de chulería).

Almaycorazon81: Hola, ¿que tal? –me dijo– Yo estoy bien, un poco aburrida.

Maggie80: A bueno si quieres hablamos a ver si te hago el día mas ameno y así nos des–aburrimos las dos si te parece.

Almaycorazon81: Bueno por mi esta bien, y bueno ¿entras mucho por aquí?, es que nunca te he visto.

Maggie80: Sólo de vez en cuando, la verdad es que yo a ti tampoco te he visto nunca. ¿Y que tal de amores?

Almaycorazon81: Ya así de primeras ¡me preguntas eso!

Maggie80: ¿Porque no? Te quiero conocer, y lo de ¿que tal? ¿Que edad tienes? ¿Y en que trabajas o si estudias? Demasiado convencional ¿no crees?, aunque si te haría una pregunta, ¿en donde vives?

Almaycorazon81: si te parece te contesto a todo, a tu pregunta de ¿porque no? Porque eres muy directa y me da como cosa, que de primeras me preguntes eso, ahora mismo lo que necesito no es que nadie me intente ilusionar o enamorar, prefiero una amistad, por lo tanto prefiero que nos conozcamos, aunque nunca se sabe, pero ahora mismo estoy demasiado quemada para una relación. Te lo digo para que no sigas por ese camino, por favor, si no será mejor que dejemos de hablar.

Almaycorazon81: primero a la pregunta de ¿Que tal? Pues vas bien me estas entreteniendo, me pareces interesante, no se aun porque pero espero descubrirlo.

Maggie80: Lo descubrirás, además soy poco misteriosa, me encanta hablar y bueno tú pareces la persona indicada para contarle todas mis penas y alegrías.

Almaycorazon81: Me haces reír, ves como vas demasiado directa, bueno como veras en mi nick Almaycorazón pone 81 así que supondrás que tengo 21 años, cumplo los 22 este año. Y supongo que por tu nick tú tendrás 1 más que yo.

Almaycorazon81: Por lo demás trabajo en una estación de servicios, vaya una gasolinera y a parte estudio.

Maggie80: Ahora me toca responder a mi pero yo empezare por el principio, de amores mal, muy mal, mi primera historia con un chico que duro 5 años, hasta que me di cuenta que realmente me gustaban las mujeres imagínate como termino y bueno, después de eso me enrolle con una chica en un Pub de Granada nada importante, pero bueno así supe que ya no besaba a una pared, ya me entiendes. Espero que te valga el resumen de mi vida amorosa, hay más episodios pero los que te cuento son los más importantes.

Almaycorazon81: Se me olvidaba, vivo en Zaragoza.

Maggie80: A la pregunta ¿Que tal? Pues ahora mismo conociendo a alguien que me atrae inusualmente, edad bueno como tu pero súmale 1 +, tengo 22, el 17 Agosto cumplo 23.

A lo que me lleva a preguntarte ¿cuando es tu cumpleaños? Y yo no trabajo, estudio programación informática y vivo en Granada, aunque soy asturiana de nacimiento.

Almaycorazon81: Me encantaría conocer Asturias, ¡tiene que ser precioso!

Maggie80: Yo te llevo y te enseño los lugares mas bonitos del paraíso que junto a ti se harán mas hermosos si cabe.

Maggie80: Por cierto, prefieres que hablemos por el Messenger es que estoy en clase, como veras estudio o hago q estudio pq hablando contigo no atiendo mucho ¿por cierto como te llamas?

Almaycorazon81: me llamo Ana y mi cumpleaños es el 23 de junio, me parece bien que hablemos por el Messenger, ¿y tu como te llamas?

Maggie80: Soy Maggie, me agregas y te veo por ahí, cierro aquí, te extraño ya... jajaja

–nos intercambiamos los correos y comenzamos a hablar a través del Messenger–.

**Session Start, Feb 17 12:23:58 2003

Ana: hola :-)

Maggie: hola preciosa, se te ve mejor cara por aquí

Ana: ¿a que si?

Maggie: jejeje, te tengo que dejar un momento que tengo que exponer un tema en clase y nos toca hablar a nuestro grupo, no me gusta nada hablar en público, pánico escénico no veas q nervios.

–Me pongo delante de todos los compañeros de clase y cada uno de nosotros tenemos que exponer los riesgos de un trabajador en su puesto de trabajo , así que suelto más o menos lo que me había preparado

El es un derecho, un deber, un imperativo económico y también una forma de realización personal.

Para trabajar necesitamos tener.

Existe una doble **relación entre Trabajo-Salud**:

•La salud es imprescindible para trabajar.

•Las condiciones en que se realiza el trabajo, pueden perjudicar la salud del trabajador.

Después de desarrollar el tema citado me volví a sentar y ya relajada, continué hablando con mi Ana.-

Ana: bueno y ¿que tal ha ido?

Maggie: he metió la pata nada más una vez al hablar, pero solo q una así q no tan mal

Ana: :-), muy bien

Maggie: de las exposiciones q he hecho creo q esta la mejor, ha sido tu q has iluminado mi oscuro camino.

Ana: ohhhhhhhhh, que bonito

Maggie: ¿has visto Mouling Rouge?

Ana: sip, muy buena

Maggie: me encantan las películas pastelazos, la vería una y otra vez

Ana: mmm..., ¿has visto Noviembre dulce?

Maggie: no

Ana: pues tienes que verla, es muuu... bonita

Maggie: contigo, la veo contigo ¿si?

Ana: ¿la de noviembre dulce?

Maggie: si esa

Ana: vale

Maggie: mi actriz favorita, es Julia Roberts, actor favorito mmm..., quizás antes era Tom Cruise, ahora pos ninguno, ¿y a ti?

Ana: una de mis actrices favoritas es Woophy Woldberg, también Meg Rayan, Sandra Bullock

Maggie: Meg y Julia me encantan

Ana: de Meg........en honor a la verdad

Maggie: hechizo de un beso, tienes un e-mail

Ana: la de cuando un hombre ama a una mujer, es muy bonita

Maggie: esa es preciosa, when a men loves a woman, ta tata ta ta

Maggie: ¿que cantantes te gustan?

Ana: :-), pues..............Ismael Serrano, Amaral

Maggie: me gusta OT (operación triunfo), te aviso

Ana: a mi también

Maggie: menos mal, me encanta David Bisbal, El Busta, la Rosa, la Cristi, pero mis cantantes de siempre son Sergio Dalma me derrite su voz, Alejandro Sanz, Shakira, Thalía y sobre todo Rosana.

Ana: de David Bisbal me encanta la canción Dígale

Maggie: no ha podido olvidar mi corazón, aquellos ojos tristes...

Maggie: escucho música de todo tipo

Ana: si yo también, menos heavy y maquina

Maggie: odio el heavy y me encanta la música dance, la machacona no, y bueno las baladas son mi perdición, de hay q soy una romántica empedernida, a veces demasiado pastelosa

Ana: a mi también me gustan, ,-)

Maggie: soy la típica de las velitas, cena romántica y baile sensual, sin eso es como si no hubiera nada

Ana: ohhhhhhhh, que bonito, eso suena muy bien, oye, guapísima

Maggie: dime, preciosa

Ana: que acaba de llegar mí marre de currelar y en nada me llamaran para comer

Maggie: ¿y tienes q irte?, es una pena

Ana: y esta vez no me puedo escaquear, cuando me llamen, yo te aviso

Maggie: oye, mañana a las 8 estaré conectada

Ana: ¿ha las 8 ya? jur, :-)

Maggie: si, esperándote, por aquí ¿vale? tu duerme y eso, yo es q por las tardes no tengo Internet. Pues como te iba diciendo te haría puntas de solomillo al moscatel y de postre....fresas con nata y champán...Así con buena música

Ana: mmm..., que rico...

Maggie: debes de pensar q toy flipada

Ana: no, que va, no lo he pensado

Maggie: ¿q piensas de mí?

Ana: que eres una chica muy interesante, muy como a mi me gusta :-P y que me encantaría seguir conociéndote

Maggie: aja, tenemos muchas cosas en común, creo, y a mi tmb me gustas

Ana: si, si que tenemos mucho en común

Maggie: q dolor de cabeza, ¿q tienes de almorzar?

Ana: pues, judías verdes y croquetas

Maggie: me encantan los fréjoles, en Asturias se dice fréjoles, aquí en Granada judías verdes. Pos yo no se q tendré de comer

Ana: cuando llegues a casa te tomas algo para el dolor de cabeza y te echas a descansar un rato

Maggie: no me mola tomar pastillas

Ana: pues entonces te echas simplemente

Maggie: supongo q me echare un rato desde las 6:30 despierta es mucho

Ana: durmiendo un poco imagino que se te pasara

Maggie: espero, aunque se me pasaría mejor charlando contigo cara a cara

Ana: :-) , no creo que charláramos, haría lo que fuera para que te quedaras dormida y descansaras un poquito

Maggie: mmm…, pos entonces deberías de hacerme un masaje, en la sien, me va a explotar la cabeza, soy una quejica

Ana: uis... no se si se me da bien eso de hacer masajes pero lo intentaría a ver si así se te pasaba, mi madre dice lo mismo de mi que soy una quejica

Maggie: ¡¡¡ quejita!!! Jajaja

Maggie: uf me duele mucho, me parece q voy a tomar algo

Ana: será cansancio y de estar toda la mañana con el ordenador...

Maggie: y hoy debería de estudiar, pero eso es todos los días

Ana: bueno pues cuando te levantes de la siesta te pones a estudiar

Ana: yo también tengo que estudiar algo esta tarde

Maggie: ¿q tienes q estudiar?

Ana: pues las asignaturas a las que me tengo que presentar en la PAU

Ana: o como quiera que se llame ahora

Maggie: me encantan las matemáticas las cosas de lógica

Ana: tengo que estudiar mates, historia del arte, historia de España, filosofía, inglés, lengua, geografía

Maggie: yo te ayudo con las mates

Ana: uf, pues ahí si que necesito ayuda sinceramente

Maggie: en el último examen de mates q hice para final de curso saque un 10

Ana: porque hace que no las toco...

Maggie: flipo hasta mi profe

Ana: pues a mi no se me dan muy bien......

Maggie: derivadas, integrales

Ana: así que ahí voy a tener que hacer algo para prepararme el examen

Maggie: ¿q horror verdad?

Ana: más que nada lo que llevo peor, es la estadística y la probabilidad

Maggie: de eso yo no se

Ana: es que son matemáticas aplicadas a las ciencias sociales, no son mates puras. Guapísima........ahora si tengo que dejarte, ya tengo la comida en la mesa, mañana en cuanto me levante, me arregle y esas cosas me conecto ¿okis?

Maggie: ok, amor, piensa en lo q te dije, no creo q nos fuera mal si no todo lo contrario, nos vemos, un besazo princesa

Ana: si, mañana hablamos, otro para ti, (K) muuuackksssss, ta luego

Maggie: bye, preciosa, q aproveche

**Session Close

18 de Febrero 2003

**Session Start, feb. 18 10:28:48 2003

Ana: buenos días

Maggie: buenas nena, ¿q tal?

Ana: bien, ¿y tú, que tal estas, que tal esa cabeza, se te paso?

Maggie: se me pasó, dormí un rato, si a eso se puede llamar dormir

Ana: bueno, y en clase ¿que tal?

Maggie: aquí tamos, sin hacer nada, esperándote

Maggie: ayer ¿q tal la tarde? ¿Q hiciste?

Ana: pues sin parar en toda la tarde, pero bien, pues a las 4 quede con unos amigos para tomar café, a las 5.30 tuve entrenamiento con mis niños, cuando llegue a casa me puse con mi madre a hacer unas cosas en el ordenador, y con mi hermana los deberes, y nada ya llego la hora de cenar, después estuve viendo OT y cuando termino a mimir.

Maggie: ¡q bien gano Beth!

Ana: si te digo la verdad no me termina de convencer la canción

Maggie: pos a mi es la q mas me gustaba para Eurovisión

Maggie: ¿q niños, entrenamiento?

Ana: si mis niños, el equipo de la escuela de baloncesto que llevo, de 4 a 6 años

Maggie: ah, ¿deportista tmb? ¿Q me mandas una foto o no te atreves?

Ana: espera a ver, que voy a buscar

Maggie: ok, esperare a que regreses preciosa

Ana: toy por aquis buscando, así que sigue hablando

Maggie: ok, vamos a ver, te cuento q hice ayer por la tarde, me acosté 1 hora, me levante, vi la novela, me puse a estudiar, y no soy capaz de concentrarme, al final puse música, cene, vi OT, y dormí, esa es mi aburrida vida

Ana: ¿crees que tu vida es aburrida?

Maggie: sin ti lo es

Ana: uf...... pero si yo aparecí ayer en tu vida......

Maggie: ¿y que pasa q fuera ayer?, sigue siendo aburrida, sin ti era aburrida, y si tú no vas a estar en ella, seguirá así

Ana: no llego a entender como puedes estar tan segura en lo que dices cuando solo nos conocemos de haber hablado unas horas ayer

Maggie: bastantes horas, hoy estas muy negativa

Ana: no, no es que este negativa...

Maggie: entonces ¿q te pasa preciosa? ¿No necesitas seguridad?

Ana: si, claro que necesito que me den seguridad

Maggie: pos eso es seguridad :-P

Ana: no se..........

Maggie: uy uy uy, ya empezamos como ayer, ¿cuéntame que te pasa anda?

Ana: pues que no entiendo como en tan poco tiempo puedas estar tan segura de lo que dices

Maggie: ok, vale

Ana: no sabes si te voy a gustar, ni si te va a gustar mi forma de ser, no sabes lo que es estar conmigo una tarde entera...

Maggie: me gustaría saberlo sólo eso, ¿q encontraste alguna foto?

Ana: mira, estuve pensando mucho, y me gustaría hacer lo siguiente, ¿aunque no se si te parecerá bien o tu querrás?, lo que he pensado es que podríamos seguir hablando, conociéndonos, cogiendo confianza, etc. y cuando nos conozcamos en persona, porque antes o después yo tengo que hacer un viaje a Granada, pues en ese momento se vera si surge algo, si hay algo más...

Maggie: me parece bien, es tu decisión y la veo correcta quizás sea lo más razonable. Lo que tú desees.

Ana: vale, me alegro de que te parezca bien, voy a pasarte una foto

Maggie: ok, eso de más tarde o más temprano lo veo yo como más tarde que temprano, ¿verdad?

Ana: pues no lo se, en principio quería ir el mes que viene, pero dependo del curro

Maggie: a claro, ¿cuando empiezas los exámenes?

Ana: en junio

Maggie: entonces, está bien el mes q viene, yo empiezo mis exámenes finales el 17 de Marzo ¿y este mes no puedes venir?

Ana: no, este mes es imposible, he estado 15 días en Tenerife, de vacaciones y las pelas ya van justas. Además de esto, el viernes empiezo otra vez a currar

Maggie: Y que tal por Tenerife, ¿lo pasaste bien?

Ana: Bueno bien más que bien fue mal, fui a conocer a una chica con la que estaba, que se llama Mari Puri, y no fue nada bien, su forma de ser no me termino de convencer, era algo rara y tenia muchas manías que a mi no me gustan, por eso no entiendo como puedes estar tan segura, yo estoy escarmentada de estas relaciones por Internet

Maggie: q pena y ¿cuando hablaremos?, pq yo por la tarde no tengo Internet

Ana: pues por la mañana chatearemos siempre que podamos, si yo toy de fiesta puedo conectarme

Maggie: ya, pero ¿cuando estas de fiesta?

Ana: pues...trabajo viernes, sábado, domingo, lunes y martes, después cojo fiesta otra vez

Maggie: acabo de recibir la foto, ¿cual eres de las dos?

Ana: ¿cual crees que soy? ¿La morena?

Maggie: ¿la de azul?, pero las dos sois morenas, una tiene el pelo mas claro, ¿la de melena, no?

Ana: soy la de la derecha, la de azul

Maggie: la q yo he dicho, ¿cual es tu color preferido?

Ana: el violeta, morado......ese tono

Maggie: aja, a mí el azul

Maggie: eres guapa y no se pq ayer decías q no, tas tonta tía, en fin mujeres quien las entiende

Ana: soy normalita, mira la foto que te voy a mandar a mí me gusta mucho, a la gente que la ve no tanto porque salgo muuuuu seria

Maggie: ¿q tal el almuerzo?

Ana: ¿el de ayer? pos bien, taba todo mu rico, mi parre tiene una mano....:-D

Maggie: pera, si tas mu seria, ¿q te pasaba?

Ana: creo que acababa de discutir con mi marre, por una chorrada, como casi siempre que discutimos, en fin...

Maggie: q gracia tiene mi compañero de clase

Ana: bueno, te mando la última

Maggie: ok, cuéntame algo, esta va mas rápido

Ana: a ver..., que te puedo contar...

Maggie: pera, q ta el profe

Ana: okis

Maggie: ya, q aburrimiento tía

Ana: ¿y eso?

Maggie: esta clase y empieza a dolerme la cabeza

Maggie: estas muy calladita hoy

Ana: no, es que acaban de llegar mis padres, hoy fueron a hablar con la psicóloga del colegio de mi hermana y me estaban contando

Maggie: ¿q ha pasado?

Ana: querían hablar con ella para ver como solucionar los problemas que tiene en clase con los compañeros

Maggie: tengo hambre

Ana: ¿no has comido nada desde esta mañana?

Maggie: no, más bien desde anoche

Ana: juer, pos no me extraña que tengas hambre.

Maggie: me comería, mmm...no se cualquier cosa, prepararme el desayuno, anda

Ana: jejeje, si pudiera... ¿no has salido hoy al recreo?

Maggie: no, me quede aquí

Ana: amm, pues yo dentro de un ratillo a comer, en cuanto llegue mi hermana

Maggie: mmm, q suerte, yo hoy salgo a las dos

Ana: ais...

Ana: toy aquis con mis parres que no me dejan tranquila, perdona si toy calla

Maggie: no problem

Ana: y tan tol rato en la habitación hablando y contándome cosas

Maggie: cuando puedas me hablas preciosa

Maggie: De todas formas debería atender un rato en clase, así que si quieres habla con ellos tranquilamente por mí no te preocupes, dejo esto abierto

Ana: Perdona si te estoy ignorando un poco

Maggie: En serio no te preocupes todo esta bien

Maggie: Bueno me despido de ti haz lo que tengas que hacer, y ya hablamos recuerda lo que te dije piénsalo ¿quieres ser mi novia?

Ana: Ya sabes lo que pienso, esta noche te llamo y hablamos, un beso y estudia.

**Session Close

–Me puse a atender un poco al profesor de Oracle al que nadie entendía muy bien, porque el pobre venia de una empresa, no era profesor, era un profesional que sabia trabajar pero de explicar ni idea, parecía que nos hablaba en chino.

Después de comer y como no podía dormir la siesta me levante, y encendí mi ordenador y plasme en el mis pensamientos absortos, la cuestión era de las mujeres que conocía y que me gustaban más o menos, puse los pros y los contras para centrarme en la que de veras me gustaba que de por si ya se veía, pero últimamente estaba cogiendo tanta información, tantas sensaciones que necesitaba aclararme si es que se podía, comencé a ensimismarse en mi mundo y a escribir–.

Mi croquis:

Encarni. Me gusta pero es un caso imposible, tiene novio y es demasiado para mi. CASI FIN.

Merchy. Me gusta hay muchas posibilidades, pero no me mola q fume tanto. Es simpática y me pone la piel de gallina con su vampírica forma de hablarme. Besa bien, nos llevamos bastante bien. Parece ser que es apasionada. No me fió por lo del rollo ese q tuvo con la otra tía (mas que no me mola me da miedo).

*Ventajas: La conozco, es de Granada a no ser que ella no quiera quedamos de vez en cuando. Creo que me enseñaría muchas cosas. Este sábado no se que pasara pero seguro que nos liamos.

*Desventajas: Me va a hacer daño y no quiero, no se si tendrá alguna enfermedad por lo de la otra tía esa. Su ex novia Águeda me da miedo es una celosa de miedo.

*Resultado: Creo que nos liaremos de vez en cuando pero no llegara a nada mas, será supongo simplemente un rollo, al menos por ahora. Démosle 2 meses de plazo.

☺ *Ana:* La conozco de hace nada y por el Chat, parece simpática agradable, tenemos muchas cosas en común. Quiere ir despacio porque no quiere que le hagan daño. Le gustan las mismas cosas que a mí. Y no le gustan las cosas que a mi no me gustan. Creo que es una persona interesante. No fuma. Le encanta escuchar música, bailar dice que no se le da bien pero le gusta. Dice que le encanta viajar y que si podría viajar a Granada. Es de Zaragoza que eso esta en Aragón. No se como es físicamente, se que es morena, melena, pelo rizado, 1'60, 60 Kg. Y poco más.

*Ventajas: Que es independiente y nos llevaríamos bien. Tiene sus ideas claras cosa muy importante. Quiere una relación estable y estabilidad para su vida. Creo que de aquí al viernes decidirá algo sobre nuestra relación. Y entonces depende lo que decida Merchy y yo debemos de tomarnos las cosas como una amistad solo, si decide estar conmigo.

*Desventajas: Vive lejos, pero eso es subsanado si hasta el verano ella viaja a verme. Pero eso de tener que esperar mucho para besarla me matara.

*Resultado: Podemos llegar a ser novias, y eso pues creo que será bueno. Deberé ser fiel, no es que no lo sea pero lo pasare mal por la distancia. Pero si viene a verme y se preocupa por mi no habrá problemas. Puede ser una relación con mucho futuro.

Cristina. Fue un rollo pasajero y la verdad pues no me interesa es una cría y necesito a alguien mas madura. FIN

Claudia. Claudia que decir de ella, la amo pero no tiene sentido seguir con esa relación ya que tanto ella como yo sufrimos. Yo diría que más sufro yo que ella. Creo que debería olvidarme de ella y apartarme de su vida no tiene sentido seguir así pero me encantaría pasar una sola noche con ella.

*Ventajas: Que le amo, la adoro, la deseo.

*Desventajas: Todas, vive muy, muy pero que muy lejos, en Bolivia. No se si podré ir a verla realmente. Si me voy con ella no se que será de mi. No se que quiere, no se si me miente, en realidad es como si no supiera nada de ella.

*Resultado: La verdad no se que va a pasar pero como siga así me va a perder por completo. Mi problema es que me resisto a separarme de ella.

–Yo creo que lo que esta claro que Ana es la persona IDEAL para mi por eso la carita sonriente, además ninguna de las otras, si lo pienso son demasiado malas para mi, y Ana es la perfecta, la distancia como dice la canción de kilómetros de "Sin banderas" es subsanable... sabremos vencerla, además cuando termine mis estudios, puedo buscar trabajo allí e irnos a vivir juntas, quizás sea una ilusa, pero se que terminara por decirme que si... y si me dice que no, no se que pasara porque realmente cada hora que paso con ella, empiezo a sentirme feliz, creo sinceramente que estos sentimientos que están creciendo en mi hacia ella, poco a poco me van a invadir el corazón, mi alma, mi vida. Creo que me estoy enamorando de ella, por eso ahora más que nunca necesito escuchar un SI de su boca… y sellar nuestro amor con un beso lleno de ternura y pasión.

–Llego la noche, me fui a la cama después de cenar y ver la televisión un rato para hacer la digestión, así que me acosté pensando en Ana, no paraba de darle vueltas a como seria verla, besarla, abrazarla y decirle todo esto que empezaba a crecer en mi corazón. Todas mis preguntas las pícaras, las ingenuas, todas aquellas curiosidades que tantos días me llegaban a causar tantas sensaciones, ansiedad por saber, por conocer, por experimentar, por amar, por amarla sin saber como, por dejarme llevar como decían esas chicas del Chat-. Que ganas tengo de dejarme llevar, que me lleves al cielo…. Maggie despierta que te vas a caer de la cama.

–Ana no me había llamado y me sentía desilusionada, pensaba que al salir de trabajar me llamaría por teléfono pero eran casi las 12 de la noche y no me llamaba, me empecé a quedarme dormida, estaba empezando a caer en un profundo sueño, mis parpados poco a poco se cerraban, con la única imagen de los labios de Ana rozando los míos, pensando en ella. Le hacia el amor en mis sueños, solo tenia un único pensamiento, quería tenerla cerca, compartir mi vida con aquella mujer de la cual poco a poco me estaba enamorando a cada milésima de segundo que pasaba.

De pronto un ruido me hizo despertar bruscamente y saltar de la cama, era la música de mi móvil "Refugio de Amor" Cantada por Gisela y Bustamante de OT, solo a tu lado, no existe ni tiempo ni espacio, por donde quiera que estés contigo estaré, te he buscado por cada rincón, tu corazón es el hogar de mis sueños, donde me pierdo y me encuentro es mi refugio de amor …-

-Que susto me dije para mí, lo agarre lo más rápido que pude, para que mis padres no se dieran cuenta, ya que se habían acostado. Yo dormía en la planta de abajo, ya que desde mi ventana se veía la piscina, las montañas, y me encantaba tener mi cuarto lejos del de ellos, me sentía como más independiente, así que elegí ese cuarto para poner mi ordenador y todas mis cosas bien ordenadas y escondidas del alcance de mis padres.-

-Mi cuarto era bastante amplio, tenia una ventana grande de aluminio blanca de doble acristalamiento para protegerse tanto del frío como del calor, las noches de Granada en verano eran calurosas pero donde vivíamos estaba situado en un sitio cerca de Sierra Nevada, así que cuando abrías las ventanas en aquellas noches entraba un fresquito muy bueno. En primavera también hacia algo de calor, pero en invierno, otoño hacia frío y con las ventanas cerradas ayudaba mucho aquel doble acristalamiento para refugiarse del frío, también teníamos caldera de gasóleo y chimenea en la casa así que de frío no nos moríamos.-

-La habitación disponía de un amplio armario con suficiente espacio para meter la poca ropa de la que disponía y me servía, como en todas las casas la ropa que inundaba mi armario era la que precisamente no me valía o simplemente no me la solía poner.

Tenia una cama de 80 lo suficiente para caber yo en ella, en frente de mi cama pegada a la pared, se encontraba mi ordenador un IBM con 7 GB de memoria. Con él estudiaba y hacia mis pequeños pinitos de programadora, y claro estudiaba para los exámenes del Grado Superior.

La habitación estaba pintada con gotéele de color blanco, vaya muy normalita, casi toda la casa estaba pintada en el mismo color, de un soso alucinante. Como mis padres...-.

-Ana no me había dado su teléfono, pero yo a ella le dí el mío. Un número que yo no reconocía parpadeaba en mi teléfono, pensé en voz alta, tiene que ser Ana, mi corazón de forma extraña empezó a latir con más fuerza, pensé que se me salía del pecho, parecía que tuviera una taquicardia, tranquila Maggie, es ella, lo estabas esperando…-

Hola, ¿quien es?,-Madre mía, quien es era lo único que se me ocurrió decir, quien va a ser dios Maggie son las 12 y pico de la noche, nadie se atrevería de los que conoces a llamarte a esa hora-.

Hola, ¿eres Maggie? -Respondió con esa voz la más dulce que mis oídos habían escuchado. Dios mío me quiero morir de amor en este momento, dice que si soy yo, YO, pregunta por mi, si por mi, si es ella, no podía ser otra. Me temblaba la voz-

Si Ana soy yo, pensé que ya no me ibas a llamar - Respondí con un tono un tanto excitado por el susto -.

Siento que sea tan tarde pero quería hablar contigo tranquilamente y entre que cene, y me duche, porque cuando llego huelo mucho a gasolina, y bueno salgo a las 22h., entre que cerramos y todo, además he esperado a que se acostaran mis padres. Quizás no debí llamarte tan tarde. -Le temblaba la voz intentándome darme una explicación a la hora, en su boca se tropezaban unas palabras con otras sin encontrar mucha coherencia-

¿Estabas dormida?-¿Dormida? Ufff básicamente si, pero eso no le iba a decir, estaba pensando en ella mientras me desvanecía en mi propio inconsciente, el sueño mío era su llamada, así que le conteste-

Dormida no, aunque la verdad es que estaba empezando a soñar contigo. - Saque mis armas de seducción a la primera oportunidad que tuve. -

Que lindo eso que has dicho, yo no he parado de pensar en ti toda la tarde, aunque no lo creas, no se porque pero tengo curiosidad por saber cosas de ti, por conocerte más. -Yo también quería conocerla, como quien dice estábamos en intimidad, solo faltaba estar juntas, cerca la una a la otra, y la besaría apasionadamente, sus palabras me volvían loca, y su voz me derretía. Quería preguntarle tantas cosas, pero con solo escuchar su voz me hacia sentir en el séptimo cielo. -

¿Porque tan callada? No querías que te llamara, por cierto apúntate mi número.- ¿Que si quería que me llamara?, me moría por esa llamada, no deseaba nada más en este mundo desde que me dijo que me llamaría, que lo hiciera y me pase pensando toda la tarde en la llamada, de hecho casi que me hice un guión de que le hablaría, pero ahora no me salían las palabras, más aun cuando ella hablaba me quedaba medio atontada por la forma tan tierna de sus palabras-.

Sí, que quería que me llamaras, estaba embobada escuchándote hablar, tienes una voz realmente bonita, muy del norte.

Tu si que tienes la voz dulce, muy femenina, muy como a mi me gusta. -Dijo con mucha seguridad-.

Vaya parece que nos gustamos en todo. -Somos tal para cual pensé - .Bueno, siento cambiarte de tema, y romper este momento tan romántico. -Tenia que sucumbir a mis encantos así que le pregunte- ¿Has pensado lo que te dije?, ¿Quieres ser la dueña de mi vida?, ¿Quieres ser mi chica, mi mujer, mi pareja, mi novia, mi esposa?

Mujer no rompes ningún momento romántico, aunque me pones muy nerviosa cada vez que me preguntas eso, porque eres demasiado rápida, y las cosas que empiezan rápido terminan de igual modo, y creo que como te dije es mejor que sigamos conociéndonos, ya sabes lo que pienso. –Seguir conociéndonos, mira lo que me dice, que más quiere saber de mi, sabe que me gusta; me disgustó su contestación, ya que yo pensaba y creía que sentíamos lo mismo o al menos a mi me lo parecía, que ilusa, pensé que esta noche diría que SI, pero no me rendiré tan fácilmente, no tiene nada que perder, nada más que ganar, no cualquier mujer podría estar con alguien tan buena como yo, inteligente, sincera, romántica, pesimista, vaya los rasgos que busca cualquiera, no entendía como seguía pensándoselo, me reía para mi–.

Que más quieres saber de mí, ¿pregúntame todo lo que quieras? Y cuando sepas todo lo que necesitas saber, contestas a mi pregunta.

Vas demasiado rápida, no te das cuenta que hay personas que necesitamos más tiempo que otras, no es que te pregunte cosas sobre ti, es que vayan surgiendo día a día, las dudas, y entonces cuando surgen se hacen esas preguntas, además como estas tan segura de que te voy a gustar, si ni siquiera me has visto en persona. –Su voz me apasionaba, me tenia anonadada, su negativa hacia que mas impaciente, impulsiva e insistente me pusiera, contra más veces me decía No aun es pronto, mas cabezona me ponía yo, cuanto más me digas que no, más lo intentare–.

Siento ser así, pero no entiendo tu negativa, nos conocemos lo suficiente, yo estoy segura de que nos iría bien, que eres la persona ideal para mí, otra cosa es que tú no pienses lo mismo.

¿Pensar lo mismo?, ¡Si creo que eres la persona perfecta! pero algún defecto tienes que tener, de lo poco que te conozco todo me gusta; una pregunta ¿fumas, bebes? –Ya empieza el cuestionario, bueno poco a poco caerá en mis redes –.

No, ni fumo, ni bebo, soy una chica sana, y me encantas. –Rió, sus carcajadas me hicieron reír a mí, me acomode bien en mi cama, parecía que iba a ser una larga noche, de preguntas y respuestas, en fin todo iba sobre ruedas. Me decía a misma poco a poco, ira dándose cuenta sólita que estamos predestinadas a estar por toda la eternidad juntas, en esta vida como en las anteriores lo hemos estado, así como en las venideras –.

Me toca preguntar a mi, ¿y tu, fumas, bebes?

No fumo, de hecho no me gustan las mujeres que fuman, realmente pienso que una mujer que fuma no es mi tipo, porque me daría la sensación de estar besando un cenicero. –Reí por su respuesta, me pareció gracioso lo que dijo, la primera chica que yo bese fumaba y no creo que fuera un cenicero precisamente. La verdad me gusto besarla y a tabaco no sabía, sabía más a deseo que a otra cosa –.

Bueno eres un poco extremista, ¿no crees? Ósea que si fumara me descartarías totalmente, ya no te gustaría nada de mi

No, no es eso, pero prefiero que no fumes. – Volví a reír, jajaja, prefiere que no fume, ya esta considerando el que sea su novia, sin darse cuenta acaba de decirme que si.

Entonces soy tu chica, no fumo, no bebo, y de lo otro ni hablamos.

¿Que otro? – Preguntó repentinamente. Al escuchar la pregunta casi me atraganto con mi propia saliva. Ahora si me metí yo solita en el lío, ¿que otro? Y ahora que le contesto, no era capaz de pronunciar ninguna palabra de ese tipo, ya que mi educación se basaba en un tabú continuo, ninguna palabra fuera de lugar estaba en mi vocabulario, claro que sabía como se decía y bueno decididamente no quería pronunciarla.–

¿Que otro? –Volvió a decir–.

Pues ya sabes, lo otro – No quería ni tenia porque responder a su pregunta –.

Maggie, vamos a ver, quieres que sea tu novia, y no tienes ni la confianza, ni te atreves a decirme que es lo otro. –Ja, mira quien habla, dice lo otro y sabe perfectamente a que me refiero y ella si que no es capaz de decírmelo-.

-Sin titubear ni un momento y con gran desfachatez le dije:"Pues tu tampoco lo dices"

Claro que no, has abierto tú el dilema, así que ciérralo, contesta a mi pregunta, me ha salido recatada la chica.- Dijo con un tono un tanto enfadado -.

Ana me da vergüenza, mucha vergüenza decirlo.

Rompe tu vergüenza, conmigo no has de tenerla, mira es la mejor cosa que puedes hacer para conocernos, hablar sin tapujos.

Yo jamás he estado con una chica, y bueno no tengo mucha experiencia en este tipo de situaciones, soy muy correcta hablando. - No sabia como cambiarle de tema, y la chica no paraba de insistir, por más que yo intentara desviar su atención a cualquier otra cosa, ella seguía R que R...

Bueno pues si sigues así, tienes todas las de perder, no pienso colgar el teléfono hasta que me contestes. -Jajaja, eso me hizo mas gracia aun si podía, es decir si no le contestaba no colgaría, ja, pues yo no quería que colgara, así que no tenia el porque contestar-.

Pues entonces no te contestare, tendrás que suplicar para que lo haga, además no quiero por nada del mundo que cuelgues el teléfono.

¿He de recordarte que mañana tienes que ir a clase?

Simulare fiebre transitoria, dolor de barriga y no iré.-Mentira tenia que ir a clase, para seguir hablando con ella, pero no podía dejarme descubrir y acceder a su chantaje-.

Así que me dejaras mañana abandonada, entonces mejor cuelgo que descanses, hasta mañana.

¡No por favor, no cuelgues!, No quiero dejar de escuchar tu voz

No entendí perdona, ¿que dices?

Vale tu ganas

¡DILO, o cuelgo! –Me estaba sobornando, era una astuta jugadora, yo ya no estaba seduciéndola, ella me estaba seduciendo a mi-.

Vale, tu ganas y yo pierdo, lo otro es hacer el amor. –Lo dije, lo dije, si hacer el amor, desde que deje a Fran habían pasado casi 4 meses sin sexo, bueno yo conmigo misma pero hasta ahí, Onam y yo como dicen mis amigas –.

Bueno, no se si aceptar esa respuesta, dejare que seas recatada, hasta en la respuesta, fina eres, de eso estoy segura, ya has roto el hielo y has abierto una brecha en el camino, ¿la saltamos juntas?

¿Y desde cuanto tiempo no tienes sexo? –Vaya por dios, ya empezaba el ataque masivo sobre mi vida sexual-.

¿De veras tengo que contestar?

Si no quieres que cuelgue si, no tienes que tener miedo, simplemente contesta, no es tan difícil, son palabras, no vas a hacer daño con ellas a nadie, ¿que clase de educación te han dado a ti?, parece que tienes miedo a hablar de sexo.- ¿Miedo a hablar de sexo?, pero si me moría por hacerle de todo-,

No es miedo, es vergüenza, nunca he hablado de sexo con nadie.

Pues mira hoy es tu día, jamás te has acostado con ninguna chica pregunta lo que quieras saber.

-¿Que le pregunte?, mis preguntas eran demasiado fuertes, creo que pasare-.

No pienso hacerlo, además me han dicho que me deje llevar así que si quieres me dejo llevar contigo. - Intenté contra-atacar, pero ella siguió en su línea-.

Quizás puedas dejar llevarte conmigo, pero seguro que tendrás tus inquietudes, como cualquier mujer, que tiene que dejarse llevar. ¿Entonces cuanto llevas sin follar? –¡Ala pensé para mis adentros, mira lo que me acaba de soltar, que grosera!–

Se lo que estas pensando Maggie, a las cosas se les llama por su nombre, me atrevería a decir, que no ibas a decir hacer el amor, normalmente se dice ni fumo, ni bebo, ni follo, además si te fijas el decir "no fumo, no bebo, ni hago el amor" no pega para nada.

Ana, creo que ahora la directa eres tú, quieres que lo diga, vale llevo 4 meses sin follar, ¿contenta?

Si mucho, gracias, bueno y no se que te apetece saber más sobre el sexo con una mujer.– Joder, había tomado el tema del sexo por los cuernos y no me iba a dejar respirar–.

Nada, lo tengo todo muy claro.

¿A si? Vale pues como quiero conocerte mas antes de decir que "SI" a esta recatada mujer, que me harías si me tuvieras delante. –Que ¿Qué le haría?, la verdad no lo se, bueno no es que sea tonta, besarla, acariciarla, lo normal pensé–.

Buena pregunta, dejamos este tema para otro momento, por favor Ana no me hagas mas sufrir

¿Sabes que, Maggie?, me encantas, me encanta esa forma que tienes de expresarte, solo el escucharte respirar entrecortada sin poder responder a mis preguntas, me hace querer saber más del tema, además te aseguro que no tengo la más mínima intención de hacerte sufrir, todo lo contrario. Yo si que te haría cosas... –Si quiero terminar con el tema deberé contestarle o preguntarle yo, así que decididamente le pregunte cosas que no sabia si debía de hacer, porque nadie me contaba nada, ni siquiera mis amigas del ambiente, sólo era el déjate llevar–.

Bien, ¿te quería preguntar si te depilas? - Yo estando con Fran jamás me había depilado, pero los comentarios de mis amigas, me hicieron pensar en ello, de como se depilaba una, la otra, la chica con la que se había acostado, etc.

¿A Que te refieres con que si me depilo?, ¿es una pregunta trampa o algo así?

Nada déjalo es una tontería

Ahhh, ¿Ya se por donde vas?- Porque me hace esto dios mío, pensé-. Jajaja, me vas hacer la pregunta entera o seguiremos así hasta mañana, eres muy graciosa, mira se dice coño, Maggie, ¡coño!

Es que suena feo, no lo ves, suena mal, parece que te insulte.

Ay Dios mío, lo que me va a costar educarte, y como lo quieres llamar, si se llama así, Pues, a ver ¿dime Ana te depilas el coño?

Ok, vale, ¿Ana te depilas el coño? - Ya estará contenta-.

Pues claro, ¿acaso tu no?, imagínate como seria meter la boca ahí lleno de pelos.

Todo esto suena asqueroso en serio-. Ana reía a carcajada viva-. Entonces como quieres que te lo explique, sólo existe una manera y te voy a ser clara en las respuestas, así como tu debes de serlo conmigo en tus preguntas.

Así que me tengo que depilar, vale, y bueno a mi segunda pregunta ya me has contestado.

Vale, dejémoslo aquí por hoy, es tarde ya, ¿no crees? Deberías dormir mañana tienes clase

Si mama, pero ¿quieres salir conmigo?

Uy, ya estamos con la pregunta del millón de dólares, vamos a ver señorita recatada, depende de muchas cosas, me gustas, eso es evidente, si no, no llevaría hablando más de 3 horas contigo, y como me gustas no voy a contestar a esa pregunta, porque tienes que dormir, te quedan pocas horas de sueño.

Respóndeme por fi, - Dije con voz de pena, casi suplicando-.

No estoy segura, ya lo sabes, no se ni siquiera porque me sigues preguntando lo mismo, no lo tengo claro esa es mi respuesta por ahora.- Si que se esta poniendo dura, fácil no lo tengo así que me toca atacar con todo-.

Ana, mi amor, me gustas, quiero seguir conociéndote, pero como novia, como la mujer que llene mis días de alegrías, que cuando este mal pueda contarle que me ocurre, mis penas, todo lo que esta pasando esta noche me supera, si no te has dado cuenta, seria más fácil si fueras mi novia.

Mas fácil, sería igual porque ante todo ya soy tu amiga, y quiero seguir siéndolo. -Amiga, y dale con amiga, jamás le diría esto a una amiga-.

Sabes que, me gustaría llevarte al cielo, a ver las estrellas, regalarte un mundo nuevo, darte toda esa seguridad que necesitas, porque si quieres seguridad aquí me tienes a mí, mi corazón cuando escuchó sonar el teléfono se disparo. Cada vez que escucho tu voz más me quedo pillada por ti, y aunque no creo que el tema de conversación haya sido el adecuado, no me he resistido mucho, y lo que si puedo decirte aunque quizás no deba o no debería atreverme hacerlo, pero necesito y deseo hacerlo, es que mi taquicardia a aumentado y tengo que soltarlo o exploto TE AMO.

-No se si me habré pasado, pero es cierto , se que es poco tiempo, pero la amo, no lo puedo evitar, no pienso ya en otra cosa que no sea ella-.

¿Me amas?, ¿como estas tan segura?, no me has visto, no me conoces casi, no puedes estar segura, a veces la gente dice esas dos palabras con demasiada facilidad y me molesta, es decir me molesta que digas eso sin apenas conocerme, pero me gusta a la vez lo que has dicho.

TE AMO, TE AMO, TE AMO, ves que bien suena, lo siento, siento eso, espero no equivocarme, pero desde que te conozco no paro de pensar en ti, en como serás en persona, en como será la manera de acariciarte, de besarte, de hacerte el amor, porque jamás follaría contigo, siempre te haré el amor, nunca me acostaría con nadie si no sintiera realmente algo profundo por esa persona, y siento sinceramente que esa persona especial eres tú, quiero hacerte el amor, quiero volar junto a ti, al universo, surcar los mares, y llegar al éxtasis de amor por ti, contigo, juntas, dime que si, que quieres lo mismo.

Maggie, eres realmente un encanto de mujer, eres maravillosa, perfecta, ¿donde esta el secreto, dime cual es tu defecto?, me vas a hacer desfallecer y no quiero, porque me harás sufrir, y como te dije acabo de salir de una relación, y mi experiencia me dice que NO, que es demasiado pronto, no puedo no sigas insistiendo, todo surgirá sin mas si tiene que surgir, entiéndeme por favor, mejor será que cuelgue, antes de que me arrepienta.

Sabes Ana, no se que me esta pasando contigo, es difícil de explicar todo lo que me haces sentir acá dentro, pero algo si te puedo decir, te haría el amor, como a nadie jamás se lo hice.

Si, ¿y que me harías? - Dijo en un tonto un tanto golosón-.

Jajaja, ¿quieres sexo telefónico? Si aun no somos novias, ¿eso ya seria muy íntimo no crees?

Mmm, ¿bueno y tu que crees que te voy a decir que si o que no?- pensé en su pregunta, y la verdad no se si será por creída, pero nena vas a caer y si para eso tengo que decirte cosas atrevidas por teléfono las vas a tener-.

Pondría algo de música lenta, de esas baladas antiguas, tan bonitas, la de mi película favorita, take my breath away, empezaría a besarte, mientras enredaría en mis manos entre tu rizado pelo negro, te abrazaría bailando cuerpo a cuerpo, mirando tus lindos ojos color miel deseándonos con la mirada, te besaría despacio, poquito a poquito, recorriendo tu boca con mi lengua buscando la calidez de tus labios, notando como tu piel se enciende junto a la mía, y nuestros corazones laten al mismo unísono.

No notas como tu cuerpo se estremece, como arde tu vientre, iría bajando por tu cuerpo notando como tu respiración se agita, bajaría hasta llegar hasta tus pechos, chuparía tus pezones, en forma de circulitos, mientras se empitonan, haciendo que poco a poco ardas más en esta hoguera de nuestros cuerpos encendidos, desencadenando el deseo y la pasión.

Sigue, sigue - Ana respondió, y en su voz y su respiración se notaba entrecortada, mientras yo accedía a su deseo sin más dilaciones –.

Continuaría recorriendo, acariciando con mis manos tus pezones, masajeándolo con ternura, deslizaría mi lengua bajando hacia tu vientre, y llegando hasta tu coñito, cogiéndote el culito, y acariciando con mi legua tu cálida vagina, presionaría tu clítoris con la fuerza del deseo hasta que explotaras en el mas puro éxtasis del placer... - escuche un pequeño jadeo, y un silencio, y enmudecí.-

¿Ana sigues ahí?

Si, cielo, sigo aquí.-Le temblababa la voz.-

¿Estas bien? –Pregunte preocupada por su voz-

Si estoy genial, no me lo esperaba y jamás nadie me hizo sentir así como tú esta noche, gracias. -no tenía porque dármelas, me había gustado escucharla respirar, escuchar su agitación, e incluso hasta yo me había excitado-.

Te amoooooooooo – dijo muy bajito, pero la escuche y se lo hice saber–.

Yo también te amo Ana, y… – me interrumpió en la frase–.

Aunque me muera de miedo, me infundes tanta confianza, que no se si esto saldrá bien o mal pero no aguanto mas, **SI** quiero ser tu novia...– Por fin escucho dios mis plegarias, SI dijo que SI–.

Repítelo que no me lo creo –La escuche sonreír – SI mi amor, si quiero ser tu novia, quiero ser toda tuya, y que me hagas en directo todo lo que me has dicho –.

Te juro que aunque sea lo último que haga en mi vida, lo haré.

Madre mía – dijo Ana con preocupación–. Son casi las 5 de la mañana, no vas a dormir nada Maggie, hoy no vas a poder levantarte

Tranquila, – sonreí al ver su preocupación –Ana, me encanto pasar esta noche contigo, esto con un par de cafés se me pasara el sueño, e iré a clase, pero espero que te levantes tempranito para hablar conmigo por Internet. –dije con autoridad.-

Bueno mi amor, duérmete ya que si no, no vas a poder levantarte, ¡Te amo! –Ahora si lo dijo para que yo lo escuchara clarito – Una sonrisa se encendió en mi cara-

Buenas noches princesa, no te vas a arrepentir – dije con mucha seguridad –. Te amo –

Mañana hablamos, hasta mañana – el piiiiiiiiiiiiiiiiiiiiiiiiiiiiiiiiiiiiiiiiiiiiiiiiiiiiiiii del teléfono me indico que ya había colgado y me atrapo un sentimiento de tristeza.

Me recosté en mi acolchada cama, y empecé a caer en un sueño profundo. - de pronto volvió a sonar mi móvil, pero esta vez, era un mensaje.- aun no había guardado el número de Ana, casi me había quedado dormida...pero reconocí el número era ella- había un mensaje que ponía:

"Seguro que estarás ya dormida, sabes me estoy enamorando de ti y me da pánico, pero por otra parte me siento fenomenal, eres maravillosa, esta noche ha sido la mejor de toda mi vida, no se si podré dormir, porque no paro de escuchar, de memorizar y recordar tu voz en mi cabeza, tus palabras, tu manera de hablar, eres muy dulce, no se como expresarte lo que siento, solo puedo decirte que me has hecho que vuelva a creer en el amor, en tu amor, se que es poco tiempo, pero también se que lo que siento es real, Te amo. Buenos días para cuando te levantes Y gracias por ser así conmigo. Gracias por todo."

-Tenia que haber contestado, pero me dio tanta paz su mensaje, no podía dormir, al igual que ella, rememoraba su voz en mi cabeza, pensaba en todo, en encontrarnos, me moría por verla, así que me costo mucho dormirme, pero al final el cansancio me pudo, me quede con el único pensamiento de que había sido la noche mas bonita de mi vida, empezaba a sonreírme la vida...-

-A las pocas horas me levante, releí el mensaje, mientras con muchísima parsimonia me vestía, mi hermano me llamo y me dijo "vamos que hoy tengo que llegar antes, así que date vida." Rápidamente termine de arreglarme y sin desayunar me monte en el Tigra de mi hermano, era un coche con aspecto deportivo, los asientos de tono gris haciendo juego con el color del coche, gris metalizado... mis ojos brillaban e iluminaban mi cara con una sonrisa imborrable de enamorada, se notaba que la amaba, que quería pasar el resto de mi vida junto a ella, cada día, cada momento, cada instante, cada segundo, cada milésima de segundo, necesitaba tenerla cerca, besarla, acariciarla, me faltaba la respiración, ella era mi oxigeno, mi medicina, la necesitaba.

De camino al instituto grabe su número en mi móvil, no puse Ana, puse mi amor... muy típico si, pero eso significaba ella para mi.

Cuando llegue lo primero que hice, fue sentarme delante de mi ordenador, y con impaciencia lo encendí, me moría por volver a hablar con la dueña de mi corazón, con la mujer, que me tenía enamorada.

Richie me miro, y me dijo: "a parte de dormida, ¿porque tienes esa sonrisa de tonta en la cara...?"-le conteste con un "ahora no, luego te cuento"-Se quedo en ascuas-.

Al encender mi ordenador, salía la luz verdecita de que Ana estaba ya conectada...mi corazón se acelero...

**Session Start, feb. 19 08:23:58 2003

Ana: buenos días cielo

Maggie: hola amor

Ana: :-)

Maggie: ¿que tal tu noche?, ¿muy agitada?

Ana: pues estuvo bien la verdad, ;-)

Maggie: muy bien diría yo, toy zombi perdida, me costo mas levantarme

Ana: jos..., lo siento... no te deje dormir

Maggie: no importa mi amor, estuvo genial, lo malo son tus pelas te vas a arruinar

Ana: bueno no te preocupes, ya haremos algo pa que la cosa no sea tan...

Maggie: ¿luego dormiste? Me gusto tu mensaje

Ana: me costo un poquito pero si, me alegro que te gustara

Ana: ¿tu que tal? imagino que te quedarías dormidita enseguida, ¿no?

Maggie: dormida, no tanto, me costo, la caña

Ana: ¿y eso?

Maggie: porq me costo dormirme, mucho, pensando y pensando.....

Ana: yo es ahora cuando mas le estoy dando vueltas a todo lo que paso ayer

Maggie: ¿y que piensas cari?

Ana: pienso todo lo que nos dijimos, todo lo que hablamos, todo lo que paso y...sinceramente tengo mas mieditis que ayer...

Maggie: ¿te arrepientes de algo de lo que dijiste?

Ana: no, cuando te dije que si lo hice porque así lo sentía.

Maggie: pos eso es lo importante y me alegro q no te arrepientas de nada, de nada y lo de las gracias del mensaje, para nada yo a ti si te doy las gracias, me vas a quitar los pajaritos de la cabeza seguro

Ana: ¿los pajaritos de la cabeza? ¿Que pajaritos tienes cielo?

Maggie: pajaritos de todos los colores y de todas las formas. Pánico a todo un poco

Ana: de todas formas si yo no puedo darte las gracias tu tampoco, no he hecho nada, no tienes por que dármelas...

Maggie: GRACIAS

Ana: no me des las gracias por favor...

Maggie: por favor

Maggie: GRACIAS ;-)

Ana: pero si no he hecho nada cielo, no tienes nada que agradecerme

Maggie: ayer me lo pase genial en la noche, fue una noche extraña y muy romántica

Ana: yo también me lo pase muy bien hablando contigo

Maggie: esa peaso de voz q tienes me encandilo

Ana: jejeje, que va que va, no es para tanto, la tengo mu basta

Maggie: ¿basta?, tas loca tía, hablas fino, y tienes un acento norteño precioso

Maggie: mi compi me ha dejado el disco de mecano q tiene la canción de mujer contra mujer

Ana: esa canción te la cantare algún día

Maggie: ¿y eso?

Ana: mira, ma dao por ahí

Maggie: ¿en serio lo dices?

Ana: claro

Maggie: ¿q quieres q te cante yo amor?

Ana: lo que quieras cielo, pero si no quieres no es necesario que me cantes nada

Maggie: canto pero si llueve no te quejes

Ana: vale

Maggie: en realidad iba entrar en OT pero pase de esos rollos

Ana: cachis........

Ana: habría tao bien tener una novia famosa

Maggie: a q si, jejeje

Maggie: el Bisbal me quiere apadrinar pero creo q soy demasiado pa el

Ana: seria la envidia de todos, aunque ya lo debe de ser aun sin ser famosa, jejeje

Maggie: eso si q es un pedazo de piropo niña, te aseguro, te juro mi amor q jamás te arrepentirás de lo q me dijiste anoche

Ana: ais... eso espero...por mi parte tú tampoco te arrepentirás

Maggie: bien, eso ta bien

Maggie: el profesor quiere q hagamos una cosa, y eso lo tengo en la otra sesión, espera

Ana: vale

Maggie: q ahora vuelvo

**Session Close

**Session Start, Feb 19 11:07:39 2003

Ana: okis

Maggie: ya toy, cambiada de sesión, ¿tarde mucho?

Ana: no, mu poquito, aunque un poquito mas y ya habría empezado a echarte de menos

Maggie: q bonito, ohhhhhhhh, me acabo de desabrochar las botas, me estaban agobiando, y oprimiendo los gemelos

Ana: ¿has ido mu guapa hoy a clase?

Maggie: mi compi dice q si

Ana: entonces es que si, ya me gustaría a mi verte aunque solo fuera por un agujerito

Maggie: ya me veras, cuando vengas iré bien vestidita para q tu tmb me llames pija

Ana: jejeje, pues supongo que si lo haré aunque solo sea pa hacerte rabiar un poquito

Maggie: q mala, ves sois malas

Ana: no...eso no es ser mala...yo soy mu buena

Maggie: el compañero de alante se pasa viendo fotos de tías desnudas o como ahora mirando el cama Sutra, me tiene frita, además yo lo veo de pleno, todo lo q ve lo veo yo

Ana: jajaja, joer con el tío

Maggie: ¿q tal tú hermana?

Ana: aissssss, te cuento, se levanto esta mañana, para ir al cole y vino corriendo a despertarme, porque estaba nevando, y taba más ilusionada, se vistió corriendo, para salir a la calle, ya nos ves a las tres, a mi madre, a mi hermana y a mi, embobadas con el ojo medio cerrado pegadas a la ventana viendo nevar

Maggie: q bonito, aquí nevó hace poco, un día y no pude ir a clase pq taba la carretera cortada, nevó en la capital y todo, supongo q lo habrás visto en las noticias

Ana: si, por aquí también había nevado antes pero muy poquito y yo no lo vi porque taba en Tenerife, así que me ha hecho mucha ilusión ver nevar hoy, no se, me gusta mucho

Maggie: me alegro q te haya hecho ilusión es una estampa muy bonita, mmm, q sueñin tengo

Ana: ais......

Maggie: he desayunado, 3 donuts

Ana: muy bien, mmm, ¿solo?

Maggie: como q solo, ¿te parece poco?

Ana: mmm, bueno...

Maggie: no se si tendré q sacar un café de la máquina luego

Ana: si, tomate algo que hasta que comas falta un buen rato

Maggie: jajaja, el café lo digo pq me voy a quedar sopa

Ana: esto... también... no lo había enfocado por ahí

Maggie: jajaja, niña llévame a la camita

Ana: con mucho gusto te llevaría para que descansaras

Maggie: ¿solo pa q descansara?

Ana: ¿si no...?

Maggie: te cuento de que hoy en clase tenemos que hacer una especie de simulación, para la profe. Lo hacemos en pareja, Richie me hace una entrevista a mí y yo a él. Así que hoy venimos todos vestidos como iríamos a una entrevista.

Maggie: hoy solo me falta el maletín y la corbata voy clásica, Maggie la clásica, clásica pero con clase

Ana: tendría que verte...seguro que tas guapísima. Realmente tengo curiosidad por ver que es eso de Maggie la clásica

Maggie: esta Maggie, la clásica y la del chándal a toas horas, en casa siempre toy en chándal

Ana: yo también voy mucho en chándal o pantalón, vaya ropa ancha, me gusta ir cómoda

Maggie: ¿y para salir q te sueles poner?

Ana: pues depende de lo que vayamos a hacer, también depende del día, me suelo poner, pues...

Maggie: yo soy la típica q se pone una cosa y no se cambia

Maggie: odio ir con una tía de compras, yo llego a una tienda y me pruebo igual como mucho 2 cosas, si me gusta alguna me la llevo

Ana: yo no puedo ir de compras porque voy sabiendo lo que quiero comprar y tardo media hora como mucho, pero eso de ir de escaparates, de tiendas probándote hasta lo que no te vale, de eso paso

Ana: me gustan los pantalones anchotes y los suelo combinar con camisetas cortas y ajustadas, el pantalón me lo pongo por debajo del ombligo, así luciendo piercing

Maggie: yo suelo vestir como en la foto que te he mandado eso es normalita y tmb a veces mas clásica, y alguna q otra vez de vaqueros ajustados

Ana: casi siempre llevo pantalones de tiro bajo, ajustados y acampanados, me gustan bastante, otras veces también puedo vestir clásico, con mi súper abrigo todo elegante.

Maggie: no me molan los pantalones acampanados para mí, yo hoy traje mi peaso de abrigo tmb, es largo hasta los tobillos

Maggie: perdona me caí del Internet, ¿me has dicho algo?

Ana: que tienes que estar muy guapa, y te he mandado un besito por la caída

Maggie: gracias, por el entonces, si solo a sido por eso :-(

Ana: no solo por eso

Maggie: ¿pq más?

Ana: que pedorrilla... jejeje, ¿por que crees? por cierto, lo de pedorrilla lo suelo decir mucho, si te molesta dilo ¿vale? es que me sale solo

Maggie: ¿q significa eso?

Ana: nada, a toa mi gente les digo pedorrillos, es una forma cariñosa de llamarlos

Maggie: no me molesta

–Ana, me había contado que trabajaba de panadera en una gasolinera, y entre otras cosas hacia pasteles, de esos congelados, los metía en un horno pequeñín que tenia en la gasolinera, los calentaba y luego les echaba un líquido caramelizado por encima, a parte hacía barras de

55

pan, bueno, lo que normalmente se hace en cualquier panadería pero todo procedía de cosas congeladas, para calentar y listo-.

(En la jerga típica de los homosexuales a las lesbianas también se les suele decir bolleras, aunque a mí nunca me ha gustado esa terminología, me parece muy vulgar.)

Maggie: ¿haces muchos bollos al día?

Ana: unos cuantos, con respecto a los bollos, pos hacer hago bollos de todo tipo, riquísimos por cierto

Maggie: me voy a poner celosilla

Maggie: q punto, mmm yo quiero probarlos, los q hagas tú claro

Ana: ya los probaras ya, si si, los de mi compañera no, que tan mu malos, (no me llevo mu allá con ella, ¿se nota?)

Maggie: yo sería feliz donde tú trabajas, me encanta el olor a gasolina

Ana: yo lo odiaba, pero me he tenido que acostumbrar

Maggie: me encanta, es una droga, como el olor a pintura, pegamento, soy drogadicta en ese sentido, me encanta ese tipo de olor

Maggie: por cierto, hablando de olores ¿q colonia usas?

Ana: you&you y puzzle, ¿y tú?

Maggie: yo uso Cerruti Image, es una colonia Italiana, unisex. Uff...me toy poniendo nerviosa

Ana: ¿por lo de la entrevista? te va a salir muy bien como el otro día, así que tranquila, pues intenta respirar hondo y tranquilizarte aunque digas que no puedes hacerlo, seguro que te sale bien ya veras

Maggie: a ver, recreo, ahora vuelvo

Ana: ¿te vas? ¿Tardaras mucho?

Maggie: vamos a ensayar, ¿que pasa, me vas a extrañar mucho?

Ana: ¿extrañarte? pues claro eso siempre, es por aprovechar e ir a hacer unas cosas

Maggie: 5 o 10 min. ¿Te parece bien?

Ana: okis pero puede que tarde un poco más

**Session Close

–Estaba en el Recreo con Richie ensayando las preguntas de la entrevista, Richie me comenzó a preguntar, me podía hacer alguna pregunta de tipo personal, así que me iba a preguntar que ¿que pensaba mi pareja del trabajo a desempeñar? Yo le comenté que le respondería diciéndole, que mi pareja (sin decir ella), le parecía bien lo que yo escogiera mientras fuera feliz; Quedamos en eso y volvimos a clase–.

**Session Start, feb. 19 12:42:30 2003

Maggie: ¡bienvenida!, ¿que has estado haciendo?

Ana: Hola mi amor, fui a hacerme unas fotos de carnet

Maggie: la profesora me acaba de decir q que guapa, para mí que esta entiende, ella es guapa, lo único que sus manos no me gustan

Ana: jops.....las mías tampoco te van a gustar y en eso si que tengo razón

Maggie: no seas tonta, seguro q si, además para mi lo principal es el interior de la persona

Ana: pues si me salvo será por eso porque por lo otro........

Maggie: ¿q otro? ya deja de decir bobadas, además yo creo q lo importante es lo q te he dicho

Ana: okis, ya me callo, no digo na.

Maggie: no di algo no te calles, ¿te ha molestado q te diga q te calles?

Ana: no me ha molestado nada, ¿una pregunta?

Maggie: dime

Ana: ¿que posibilidades hay de que tuvieras una tarjeta amena?, es decir, si yo por ejemplo, te mandara un número, ¿podrías poner esa tarjeta en algún móvil?

Maggie: tendría q liberar el mío, pero no se si podría porque como ya sabes no trabajo, y depende de lo que cueste

Ana: bueno pues entérate de lo que cuesta y me lo dices

Maggie: es q te valió mucho ayer la llamada, ¿verdad? ¿Cuanto te vale el min?

Ana: no es por eso, es para que valga un poquito menos

Maggie: mirare a ver, le preguntado a mi compañero, y dice q me pasan cosas mu raras, yo le he dicho q soy irresistible

Ana: ¿cosas mu raras? Jejeje

Maggie: si por lo de la tarjeta, dice que es raro para él, q me conozcas de sólo dos días y me digas eso

Ana: ¿y por eso eres irresistible? Si dice que es raro que en dos días te diga si hay posibilidades de que tengas un número amena, ¿que piensa de todo lo demás?

Maggie: de lo nuestro no le he dicho nada, es q el tema ha salido por lo de la tarjeta

Ana: entonces lo entiendo

Maggie: ¿y tú le has contado a alguien?

Ana: yo de momento no

Maggie: te noto insegura e indecisa, ¿q te pasa mi amor?

Ana: insegura.... la inseguridad que puedo sentir me la produce el miedo que tengo

Maggie: ¿pero no decías q yo te doy seguridad?

Ana: si, tú si, pero el miedo no, no se como explicarlo

Maggie: bueno pero el miedo se quita poco a poco, a mi tmb me da respeto y algo de miedo lo q siento por ti. Es que date cuenta q han pasado muchas cosas de sopetón, pero los impulsos son buenos te lo dice una persona impulsiva

Ana: ya te dije, espero que esta vez salga todo bien porque si no... me hago asexual, por lo menos

Maggie: jajaja, no mujer, a tanto no, además no saldrá mal, no tiene pq, señorita negativa

Ana: solo un poquito negativa, y no es mi parte negativa la que habla exactamente, sino mi experiencia

Maggie: ¿con cuantas chicas has estado?

Ana: tres relaciones más o menos serias

Maggie: esto es un interrogatorio, es q toy preguntona, ¿tú sabes no? ¿Y con cuantas te has llegado a acostar?

Ana: si esto de la entrevista ta dejando secuelas, jajaja, pues relaciones he mantenido con las tres

Maggie: me toca ya a mí que nervios, me sudan las manos, me va a dar algo

Ana: relax, respiración, inspira, espira. Te va a salir bien, así que tranquila

Maggie: cuando veas q no te hablo es pq toy en la mesa de tortura

Ana: cielo, te va a salir muy bien, como el otro día, así que tranquilízate e intenta relajarte un poco, se que puedes hacerlo aunque creas que no puedes dejar de estar nerviosa

Maggie: no puedo es imposible amor

Ana: eis...tranquila...no te cierres en que no puedes porque asi no vas a poder nunca, respira profundamente y piensa que te va a salir bien, vas a estar hablándole a tu compañero, piensa que estáis los dos solos, como en los ensayos

Ana: ¡te va a salir genial!

Maggie: la profe acaba de decirme q me acaba de sacar un primer plano pq vengo muy guapa, me toca ya, en breve vuelvo

–Salí y mi compañero Richie y yo nos pusimos manos a la obra con la entrevista, primero él era el entrevistador y yo la entrevistada y luego viceversa, la profesora nos grababa en video para que luego viéramos los fallos...Cuando me toco a mí, Richie me hizo la pregunta en cuestión, ¿Tienes pareja? Y yo, bruta de mí, le conteste que si, que ELLA con que yo estuviera feliz en mi trabajo le parecía bien lo que decidiera, dije *ELLA* la clase en pleno se dio cuenta de mi sexualidad y se rieron a carcajada limpia.

Maggie: niña, toy de corbata

Ana: hola guapísima, ¿que tal ha ido?

Maggie: hola, bueno bien aunque cuando me pregunto que ¿Qué opinaba mi pareja de mi?, no se me ocurrió mejor cosa que decir que ella, vaya tú q eres mi pareja opinabas que lo q decida iba a estar bien, y la clase, la profesora, en fin... todos se han dado cuenta de que soy lesbiana.

Ana: ¡No!, ¿en serio? Bueno no pasa nada, olvídate de eso, ya ha pasado los nervios y lo peor, estoy segura que lo demás te ha salido bien, además q más da lo que seas, lo importante en una empresa es que trabajes bien y ya.

Maggie: ojala vinieras este fin de semana

Ana: ojala, pero eso totalmente imposible, te amo

Maggie: yo tmb te amo

Ana: cielo...tengo que dejarte ya, me están llamando a comer

Maggie: pero mi deber es decirte quédate

Ana: ☺, ojala pudiera quedarme, pero ya ta la comida en la mesa

Maggie: quédate siempre pegadita a la silla o al teléfono, saluda a mis suegros y a mi cuñadilla, bueno, ¿mañana hablamos no?

Ana: claro, mañana aun tengo fiesta

Maggie: el viernes te echaré muuuuucho de menos

Ana: y yo, no dejare de pensar en ti, de hecho ya lo hago ahora, tengo que dejarte

Maggie: y yo pensare más

Ana: te quiero no lo olvides, un besito

Maggie: te amo no lo olvides, un beso

Ana: te amo, ta luego

Maggie: ta luego, cuídate princesa

Ana: y tú

**Session Close

- El jueves no pude ir a clase estaba con fiebre, había pillado la gripe. Por lo que no pudimos hablar por el Chat, la echaba muchísimo de menos, tanto que me faltaba el aire para respirar, ella era como una medicina. Ana se paso aquel puente largo llamándome me echaba de menos, tanto como yo a ella, quería pasar el resto de mi vida junto a ella, y la costumbre de todos los días, sus palabras de alivio, de ánimo, eran muy importantes para mi.-

**Session Start, Feb 25 13:05:01 2003

Ana: hola cielo

Maggie: hola, amor, toy rallándome, te amo

Ana: ¿por que?, te amo

Ana: ¿que te pasa?

Maggie: leyendo una cosa, métete ahí y lee, oye, acepta eso

–Le mando un link sobre una enfermedad genética que tengo y se pone a leer.–

Ana: mmm, no la puedo recibir, ais...dios mío

Maggie: dios mío, ¿que pasa?

Ana: que eres guapísima

Maggie: no digas bobadas

Ana: no son bobadas

Maggie: borra esas fotos y te mando las otras dos

Ana: me toy quedando...espera

Maggie: ¿quedando q?, oye mi amor, cuando leas lo q toy leyendo yo, veras q soy un cúmulo de imperfecciones

Ana: me estoy quedando anonadada

Maggie: ¿con q?

Ana: viéndote, no eres un cúmulo de imperfecciones, ni ahora, ni cuando lo lea. Así que no digas eso cielo, te amo

Maggie: te amo, cuando quites las fotos te mando las 2 q faltan

Maggie: ¿q haces princesa?

Ana: cielo no te asustes, tu vas a estar bien, yo te voy a cuidar mucho, estoy leyendo, lo único que tienes que hacer es hacerte revisiones, cuidarte, controlarte para ver como va, si la cosa evoluciona, etc., no se si me explico

Maggie: yo ir al medico a q me hagan tortura, PASO DE ESO

Ana: pues yo no quiero que pases de eso, si ahora no te cuidas, no te revisas, con el tiempo puede que sea tarde, además lee bien, si empiezas el tratamiento pronto, tu calidad de vida se alargara

Maggie: ¿y para q quiero eso?

Ana: para estar conmigo más tiempo y mejor

Maggie: mmm, todo es una mierda, todo sobre eso y sobre lo otro q te conté

Ana: cielo...por favor, no pases de cuidarte, no se como pedírtelo...

Maggie: por cierto mi enfermedad no esta tan avanzada, yo no llego a tanto

Ana: te amo, te amo, te amo

Maggie: te amo, ¿tas bien cari?

Ana: te amo, te amo si, muy bien

Maggie: tas loca

Ana: toy leyendo tu carta, me pareces la mujer más maravillosa del mundo

"Hola cariño!

Cómo esta mi niña? Yo bueno de aquí a un rato me voy a poner a estudiar. Me he hecho una infusión de menta poleo, esta buenísima, la he hecho para entrar en calor ya que hace mucho frío. Pero como te prometí te escribo para que veas que no dejo de pensar en ti. Me has dejado anonadada con tu mensaje, me ha encantado y me ha llegado a lo más hondo de mi corazón. Es precioso eso que has dicho, y he de decirte que ya pienso que eres lo mejor que me ha podido pasar. Que fue el destino lo que nos ha unido y que yo tampoco quiero perderte porque me haces muy feliz, cuando escucho que me dices que te amo, cuando me dices todas esas cosas bonitas que me llegan al alma, que no puedo creer que de verdad se pueda estar tan bien con una persona.

A mí desde que llevo en el ambiente, todo me ha salido al revés, empecé a sentir que todo lo que sentía por una mujer era malo porque todo me salía mal, y esta vez no quiero que sea así, quiero sentir que todo va a estar bien. Quiero que tu te dejes ilusionar por mí, y que tu me ilusiones a mí, hazme participe de todos tus sueños, de tus alegrías, de tus penas. Ojala un día podamos compartir nuestros sueños unidas por este amor que hemos empezado a sentir, porque piensa en esto, que es lo más bonito que tiene la vida? Lo más bonito es el amor, es el sentimiento más puro y limpio que pueden llegar a sentir dos personas, y eso no se puede desperdiciar cuando se siente, hay que aprovechar al máximo todo eso que es tan bello y sincero. Yo tengo miedo, pero intento ser positiva, ¿acaso crees que soy valiente? Todo lo contrario soy muy cobarde pero quiero ver el lado positivo de todo, la cara buena de la moneda, sé que puede salir mal, pero también puede salir bien, además ya tenemos ganada la mayor parte del terreno para que salga bien, principalmente nuestra sinceridad, nuestra fidelidad y sobre todo y ante todo el amor que nos mueve a estar juntas.

Me encantaría ir a Zaragoza para hacerte ver que te amo, que cada vez que te conozco cada día un poco más, más y más crece este sentimiento tan tierno y profundo que has hecho nacer en mi, y espero que siga así por el resto de mi vida, que sea así y que tu me demuestres a mi que dos mujeres pueden pasar el resto de sus vidas juntas, hazme ver que puede funcionar. Ya que aun no conozco a nadie, a ninguna pareja que haya estado toda su vida juntas. No es que no lo crea, lo que pasa que me da miedo al igual que tú a la soledad que padecen muchos/as homosexuales. Cuando veo eso me da mucha pena y yo no quiero ser una mas en tu vida, quiero ser algo especial, algo que te llene que te sorprenda cada mañana al amanecer, quiero que nunca te canses de mí. No quiero ser una persona monótona, y quiero que te diviertas, que estés a gusto a mi lado, que disfrutes cada momento que pases a mi lado. Monotonía, siempre es buena a veces, para encontrar estabilidad pero no quiero la típica de hacer siempre las mismas cosas, quiero viajar a tu lado, conocer mundo, quiero tener solo aquella monotonía que nos dé estabilidad para que seamos felices. Espero que esto te parezca bien para conseguir todo esto únete a mí con todos tus sentidos. Yo voy a ponerme a luchar por conseguir un futuro que ahora no puedo perder porque casi lo tengo labrado y sé que puedo conseguirlo, para al fin poder en este caso estar junto a ti en todo momento. Veras en cuanto apruebe mis exámenes finales quiero hacer muchos planes contigo porque todo va a ser perfecto o al menos rozara la perfección.

Te ama:

Maggie"

Maggie: ¿mi horrible carta?

Ana: te amo en todos los sentidos, de eso nada, a mi me esta encantando leerla

Maggie: te amo

Maggie: el lunes no tengo clase

Ana: ¿Al final has hablado con tu madre?

Maggie: vente, vente quiero q vengas a mi lado

Ana: ¿cuando?

Maggie: ven el viernes, te amo, te amo

Ana: peraaa

Maggie: te amo, te amo

Ana: te amo pero cielo... ¿no dijiste que probablemente no pudieras estar conmigo?

Maggie: supongo q si, el lunes y el viernes no tengo clase y me pongo a estudiar, supongo solo supongo q me dejaran salir

Ana: ¿y si voy y no te dejan? ¿Que hago?

Maggie: no vengas, es q te tengo ganas, quiero, quiero, quiero, quiero verte

Ana: yo también quiero verte cielo, necesito verte. pero por lo que parece por el momento no va a poder ser...

Maggie: oye cuando mandes el móvil ¿me escribes a puño y letra, vale?

Ana: claro que si

Maggie: dí algo princesa

Ana: cielo, voy a estar siempre a tu lado si me dejas, voy a cuidarte mucho, siempre pendiente de ti, voy a intentar ir a verte lo antes posible, voy a poner todo de mi parte para hacerte feliz, para darte lo que necesitas y mereces

Maggie: ¿sabes que estas loca?

Ana: si, loca, pero loca de amor por la mujer mas maravillosa que existe, TÚ

Maggie: ya te vale, me vas a acostumbrar mal

Ana: te voy a acostumbrar a lo que mereces por ser como eres

Maggie: te amo

Maggie: q me tengo q ir amor, q me espera mi papi

Ana: dime que me amas

Maggie: te amo más q a nada en el mundo, te amo

Ana: te amo cielo, te amooooooooooo

Maggie: adiós princesa

Ana: ta luego mi vida

Maggie: en 30 min. toy en mi casa, si necesitas algo me llamas, amor, te amo, bye

Ana: te amo, ta luego

**Session Close

-Cuando llego a casa, recibo una llamada de Ana y me encierro en mi habitación-

Hola mi amor, ¿ya has llegado?

Si, pero estoy apunto de comer ya

Solo quería escuchar tu voz y decirte lo mucho que te amoooooooooo

Yo también te amoooooooooo

-Mi padre como de costumbre entra sin tocar a la puerta y me pilla hablando por teléfono, desde aquel momento cuando me veía con el móvil me gritaba de tal manera que siempre me hacia colgar, me trataba con desprecio. Me mando colgar porque íbamos a comer, así que fue como una orden-. Cuelga el maldito teléfono que acabas de llegar y ya estas enganchada- Deduje que más de una vez se había dado cuenta de que en vez de estudiar estaba colgada al teléfono y después de lo de Fran se olía que estaba con otra persona-

Ana, me dijo cuelga mi amor te amo, y no hace falta que lo digas lo se... ya hablaremos...

Chao....

**Session Start, feb. 26 10:27:39 2003

Maggie: 10 min. de retraso, buenos días

Ana: siento llegar tarde, buenos días

Maggie: oye, tengo q hacer una cosa, dime tres virtudes mías y tres defectos

Ana: virtudes, es difícil decir solo tres cielo

Maggie: si tía virtudes

Ana: no era una pregunta

Maggie: ya, me di cuenta

Ana: a ver, sinceridad, humildad, sencillez, bondad, simpatía, inteligente, cariñosa, dulce, tierna, sensible...

Maggie: yaaaaaaaaaaaaaaaaaaaaaaa, eran solo tres amor

Ana: coge las tres que más te gusten

Maggie: ahora 3 defectos, no te pases como con las virtudes, por cierto TE AMO

Ana: mmm...., ni siquiera me sale el primero así que mira, amor

Maggie: ¿que no te gusta de mí?

Ana: lo poco que te valoras, pero eso no se si llega a ser un defecto

Maggie: yo escribo esto

Ana: ¿pero exactamente que tienes que hacer?

Maggie: tengo q decir tres virtudes y tres defectos, explicar el porque, y pq he escogido estos estudios, yo esto lo hago en un periquete

Maggie: cabezona, ¿dime un sinónimo de cabezona?

Ana: tozuda,:-P, no me mola, parece que me estas llamado burra

Maggie: cabezona=constante

Ana: se puede ser constante sin ser cabezona y viceversa, no es lo mismo cielo

Maggie: ok, cari ¿soy pesada?

Ana: no, eres un cielo de mujer, conmigo puedes ponerte todo lo pesada que quieras

Maggie: ¿orgullosa?

Ana: un poquito

Maggie: ya ta, tozuda, orgullosa, pesada, loca, chula

Ana: pesada no, loca... tu locura no es un defecto, chula... no creo que seas chula

Maggie: calla q tengo q poner 3 defectos y me los tiras por tierra

Ana: pero es que, una de dos o no los tienes o todavía no los conozco, pero esta claro que esos no los puedes poner, porque no eres así

Maggie: orgullosa dices q si, y cabezona también

Ana: si, un poquito, si también, falta uno

Maggie: mi compañero dice q también

Maggie: ya se lesbiana, ;-)

Ana: jejeje, tonti

Maggie: impulsiva

Ana: eres impulsiva

Maggie: mucho

Ana: pero no se si es un defecto o una virtud o ambas ya que tu impulsividad nos ha llevado a ser novias, tu eres impulsiva y yo reflexiva

Maggie: ¿impaciente?

Ana: si, eso si es un defecto

Maggie: ¿como me ven los demás?

Ana: te puedo decir como te veo yo, te veo como una persona capaz de conseguir todo lo que se proponga en la vida porque tiene las cualidades necesarias para conseguirlo pero que necesita a la vez mucho apoyo para saber a ciencia cierta que puede con todo lo que se le ponga delante, que tiene un corazón impresionantemente grande capaz de hacer muchas cosas por no decir todas por la gente que quiere, cariñosa, dulce, inteligente, alegre, simpática, luchadora, tierna, así te veo yo

Maggie: Richie me ta metiendo mano, y dice q vaya al baño con él

Ana: pues dile que se controle

Maggie: dice; q es imposible q no tiene control

Maggie: aquí ta Richie

Ana: buenos días Richie

Richie: eso d bueno..., más bien tiesos, buenos días Ana

Ana: a parte de...

Maggie: jajaja

Ana: ¿que tal estas?

Richie: regu

Maggie: q gracia

Richie: xq mi novia me dijo anteayer q estaba agobiada

Maggie: le acabo de dar el tippex para la compi y me dice: coño creía q era un tampax

Richie: creo q será por los estudios, xq a mi no me ve el pelo....

Maggie: pero Richie yo te quiero mucho, se le pasara, ta viendo fotos de tías el guarro

Richie: de la página de yonkis.com

Maggie: Richie: es q Maggie está requetebuena

Ana: lo se

Maggie: Richie: menuda suerte vas a tener kabrona

Ana: ☺

Maggie: jejeje

Maggie: Richie: tiene q ser como un bollito de leche

Maggie: Richie: to tierna y a la vez cañera, xq aquí donde la ves tan modosita...

Ana: sí es el bollito más bueno y más dulce que yo haya podido tener jamás

Maggie: ta fatal, nena di algo

Ana: te amo

Maggie: yo tmb te amo

Ana: ☺

Maggie: Primera etapa tu cabello un bosque de tranquilidad, y salgo al claro de tu frente que es un desierto, atravesando tus pestañas, flotando en una lágrima, descanso entre tus labios para poder seguir.

Ana: cielo cuando te canses de recibir fotos dímelo, ¿vale?

Maggie: nunca me cansare

Ana: eres maravillosa, bueno, ya ves la novia tan fea que tas echao

Maggie: Estoy cruzando tu frontera, cruzando tu frontera, estoy cruzando tu frontera ohh, cruzando tu frontera.(bis) , Resbalando por tu cuerpo, me agita tu respiración, y subo hasta la cima rosa de tus dos montañas, bajo a la tierra del fuego tu vientre la última estación tu selva y el volcán caliente donde yo voy.

Ana: te amo cielo

Maggie: Ohh, ya casi estoy, sólo un segundo más y llego al fin, ohh, ya casi casi llego, sólo un segundito más y estoy en ti. Jajaja, es la caña esa canción

Ana: si, ta mu bien, por cierto cielo, ¿que tal estas?

Maggie: ¿bien, y tu? ¿Q tal esa barriga loca?

Ana: ahí sigue, me molesta un poquito

Maggie: ah, Richie me ha invitado al baño

Ana: pues no aceptes eh

Maggie: no acepto, jajaja, ¡celosilla!

Ana: voy a mandarte una foto reciente mía medio en bikini, no te asustes mucho ¿vale?, las que te voy a mandar ahora son todas del verano pasado cuando estuve en Port aventura con mis padres

Maggie: ok, no me asusto estas muy guapa, quien te tuviera así con ese bikini cerquita, mmm…

Maggie ama a Ana: q ta la guapa de la profe, ta leyendo lo q le he escrito, es q quiere saber sobre mi persona, es un ejercicio de clase

Ana: dile que me llame que yo le cuento, lo linda que eres

Maggie ama a Ana: oye me voy a terminar de creer, princesa, mmm, lectura intensiva, cari

Ana: dime, cielo

Maggie ama a Ana: Sabes que cada día que paso contigo mas feliz me siento, me estas curando de todos mis males, tengo muchas ganas de verte en directo.

Ana: Te voy a mandar una foto de mis ex de Granada

–Recibo la foto de Paqui, es una chica rubia, delgada, la verdad que muy guapa, con un estilo un poco hippie, un tanto desaliñado. Me parece una chica con su propio estilo, segura de si misma, me trasmite la sensación de que es independiente y tiene su personalidad muy clara.–

Maggie ama a Ana: pos Paqui es mu guapa, ¿pq no tas con ella?

Ana: porque me hizo mucho daño

Maggie ama a Ana: ¿q fue lo q te hizo?

Ana: me puso los cuernos, me mintió, me hizo aguantar situaciones muy fuertes con su ex, con la famosa Vane, muchas cosas cielo

Maggie ama a Ana: pos pasa de ella, veo q es algo putona

Ana: si pero es lo que dije antes, desaparece y al tiempo vuelve a aparecer, diciendo que me ama que no puede estar con nadie, que soy su amor platónico y que en cuanto pueda se vendrá a Zaragoza conmigo para demostrármelo todo, y recuperar mi confianza, en fin...que calladita te has quedao

Maggie ama a Ana: ignórala, te amo loca

Ana: te amo guapísima

Maggie ama a Ana: princesa, te quiero

Ana: te quiero

Maggie: te amo

Ana: te amo

–Desde este momento siempre que yo le decía te quiero ella me respondía con un Te amo y cuando le decía Te amo me decía Te quiero siempre era así y la verdad es que era como algo especial entre nosotras.–

Ana: ta mi ex conectada, por el MSN

Maggie: preséntamela

Ana: no, cielo, dice que esta echa una mierda

Maggie: ¿porque?, jum

Ana: te amo

Maggie: te amo, pero ¿pq no me la presentas?

Ana: ¿para que quieres que te la presente?, ella no sabe nada de que estoy saliendo contigo...y me va a decir que por que os presento y va a pensar porque también le da muchas vueltas a la cabeza, y ahora ta mu mal

Maggie: haz lo q quieras entonces

Ana: ¿te molesta?

Maggie: no tiene pq, es tu decisión

Ana: sabes que te amo ¿verdad?

Maggie: lo se, yo también te amo, pero pienso que cuanto antes lo sepa mejor así lo acepta, esto no lo hemos buscado, simplemente se ha dado.

Ana: Maggie te amo y no tengo porque darle explicaciones a nadie de lo nuestro, y creo que seria inoportuno contárselo y que se sienta mal

Maggie: Vale, bueno te tengo que dejar porque ya me tengo que ir.

Ana: ¿Te noto enfadada? Te amo vale, no te enfades por favor, entiéndeme, no es el momento

Maggie: Más tarde o más temprano se lo tendrás que decir, digo yo

Ana: Cuando sea el momento se lo diré yo, pero aun es muy reciente la ruptura

Maggie: Que me voy, tu misma

Ana: ¡uy que celosa estas! Al menos despídete de tu novia como dios manda

Maggie: Celosa yo, no porque solamente no le quieres contar a tu ex-novia que estas conmigo, no me gusta simplemente pero no son celos, y sobre la despedida me gustaría no despedirme de ti nunca, porque solo cuando hablo contigo estoy feliz, y me siento en paz, te amoooooooooo, Chao mi vida.

Ana: Ya se lo diré, lo prometo, yo también te amo, luego te llamo ¿vale?

Maggie: Vale, diviértete

**Session Close

–Llega la mañana y como cada día, algo atontada y todavía sin despertar me desperezo recordando con armonía lo que había soñado aquella noche, soñé que iba a ver a Ana, que hacíamos el amor, que todo era perfecto, apasionado y maravilloso, no cabía duda que necesitaba verla. Todo el sueño parecía un cuento, sin mas estábamos en un cuarto de color malva, era invierno y llovía fuera, hacia tanto frío que calaba los huesos, Ana encendía la chimenea, no se le daba muy bien así que fui en su ayuda, poco a poco el fuego hacia que la habitación estuviera mas cálida, el frío de fuera se iba enmudeciendo por el ardor de la chimenea, Ana puso música lenta y nos pusimos a bailar abrazadas, hacia tal bochorno que apetecía desnudarse, y el deseo de nuestros cuerpos nos invitaba a entregarnos a la pasión...Hacíamos el amor, como si al día siguiente se fuera a acabar el mundo, a la vez que lo hacíamos con desenfreno, también era dulce, apasionado, ella era la amante perfecta, era impetuosa, romántica, fogosa, voluptuosa, tanto y tan intenso fue que ambas llegamos a la exaltación y culminación de nuestro clímax, aquella noche sola en mi cama había tenido un orgasmo soñando con Ana.-

-Encendí el ordenador, como cada mañana al llegar a clase, me metí en mi correo para revisar los emails y para mi sorpresa Ana me había escrito-.

"Hola cariño:

Ya ves, aquí la está la contestación a ese hermoso email que me mandaste.

¿Sabes?, cuando me paro a pensar en estos últimos días, en todo lo que ha pasado, me parece increíble, es impresionante como he pasado, en cuestión de días, de estar completamente agobiada a estar completamente feliz, y todo esto gracias a que has aparecido en mi vida, si cielo, gracias a ti, a tu forma de ser, a lo que me haces sentir estando contigo.

El día que te conocí me quede anonadada cuando a las pocas horas de conocernos me preguntaste si quería ser tu novia, fue algo que me extrañó muchísimo, la verdad es que lo primero que pensé fue que te intentabas quedar conmigo, tomarme el pelo o algo así porque no me entraba en la cabeza que sin apenas conocernos me pidieras algo tan "serio" como el ser tu novia. De entrada me mantuve muy distante, difícil, desconfiada,..., pero no solo porque me extrañara muchísimo, sino también por todo lo que tu ya sabes, acababa de salir de una relación en la cual me había dado cuenta de muchas cosas y lo había y estaba pasando muy mal, además de todas las experiencias anteriores que habían sido un desastre.

Me conozco, y aunque no te lo creas, yo en esa primera conversación que tuvimos por el Chat me di cuenta de las muchas cosas que teníamos en común, y por eso que me conozco sabía que teniendo en cuenta lo parecida que eres a mí y dejándome llevar iba a encariñarme de ti rápidamente, y eso, sinceramente me daba pánico.

Cuando intentaba explicarte por qué no aceptaba tu propuesta tu me decías y jurabas que contigo todo sería diferente, que no eras igual a las demás y a mi me sonaba mucho todo eso, pues siempre me decían lo mismo: "confía en mí Ana, yo no te haré daño, conmigo todo será diferente", y la gilipollas de Ana cogía y se lo creía y dejaba volar sus sentimientos hasta el punto de enamorarse de verdad para al tiempo, darse cuenta de que todas esas promesas se desvanecían, que no había nada cierto en lo que me decían, dejándome con el corazón roto y cansado de que siempre se repitiera la misma historia.

Al día siguiente de conocerte me atreví a llamarte por teléfono (a partir de ese momento no he podido dejar de hacerlo), tenía curiosidad por escuchar tu voz, la cual me parece preciosa, muy dulce. Ese día hablamos horas y horas y conforme pasaba el tiempo más a gusto me encontraba contigo. Yo seguía en mis trece, intentando no sucumbir a tus encantos, pero llegó un momento en que no pude más, me hiciste sentir tan segura, creía tanto en lo que me decías, que acabé por decirte que si quería ser tu novia, aunque eso sí, mis miedos seguían presente. A partir de entonces todo fue maravilloso, hablar contigo, seguir conociéndote, todo, absolutamente todo, empecé a sentir algo muy fuerte y sincero por ti, algo que crece día a día. Estoy locamente enamorada, no dejo de pensar en ti en todo el día, no hay sueño en el que no seas tú la protagonista. Ahora me doy cuenta de que estar contigo es lo mejor que me ha podido pasar en la vida, nadie jamás me hizo sentir tan segura, tan querida como me haces sentir tú. Cuando pienso en la posibilidad de perderte.... uf......... todo se me viene abajo, una tristeza invade mi alma y es porque ya no concibo mi vida sin ti, quiero compartir contigo todos mis sueños, quiero ser lo último que vean mis ojos al acostarme y lo primero que besen mis labios al despertar.

Durante mucho tiempo estuve buscando quien me diera el cariño que necesito, una persona que me comprendiera, que estuviera a mi lado en todo momento, que me diera la mano cuando necesitara levantar, que compartiera conmigo cada segundo del día durante el resto de mi vida, una persona con la que hacer realidad mis sueños, una persona a la cual entregarme en cuerpo y alma y esa persona eres tu, y estoy segura de ello por muchas razones. En prácticamente todas mis relaciones, por no decir todas, no recibí nada a cambio, no recibí verdaderas muestras de cariño, es mas, llegaba a tener la sensación de que lo único que hacían eran jugar conmigo y con mis sentimientos, sin embargo contigo es todo diferente, siento que me amas, siento que eres la persona perfecta para mi, siento muchas cosas cielo, cosas que no puedo intentar explicar con palabras porque es imposible. Me das seguridad, cariño, dulzura, ternura, me inspiras confianza y lo mejor de todo, me haces soñar con un futuro juntas, ilusionarme con todas las cosas que queremos compartir, no quiero que eso desaparezca cielo, no quiero perderlo por nada del mundo, perderte a ti supondría perderlo todo, incluso la vida, porque mi vida eres tu.

Ahora mismo estoy lejos de la mujer que amo y por ello me siento la persona más impotente del mundo, impotente por no poder estar a tu lado para darte un abrazo cuando lo necesites, para compartir una mirada, para besarte, para demostrarte lo mucho que te amo... No se cuanto tiempo estaremos así, no se cuanto tiempo durara esta espera, no se cuando llegara el día en el que por fin te tenga delante y pueda estrecharte entre mi pecho y susurrarte al oído palabras de amor, solo espero que seamos fuertes para poder soportar esta tan larga espera porque se que en el momento en el que estemos juntas, en el momento en el que no nos volvamos a separar, vamos a saber recompensar, la una a la otra, todos estos momentos que estamos pasando ahora en los que queremos y no podemos. Voy a hacerte feliz cielo, te voy a dar todo lo que te mereces, que es mucho porque eres una de las personas mas especiales que he conocido en toda mi vida, cuando intento explicar como eres se me llena la boca sin decir nada y es que no tengo palabras para decir lo especial que eres, lo sincera, dulce, cariñosa, tierna......, IMPRESIONANTE, simplemente.

En fin..., que GRACIAS por aparecer en mi vida, por devolverme la ilusión, por hacerme sentir querida, por ser como eres, por quererme, me haces muy feliz, muchísimo.

Una ultima cosa, jamás voy a dejar de amarte, jamás voy a separarme de tu lado, porque no soy tan gilipollas de dejar escapar a la persona mas maravillosa del mundo, nada ni nadie me separara de tu lado, quiero que esto salga bien, porque es contigo con quien quiero compartir el resto de mi vida, de verdad cielo, confía en mi porque no voy a hacerte daño, no te voy a dejar, me muero si te pierdo, me da algo, no quiero perder a la mujer que amo, me niego a perderte. No olvides nunca que te amo, que siempre estaré contigo, *NUNCA ME PERDERAS*, solo me separare de tu lado cuando tú me lo pidas, antes no.

Te ama,

Ana "

-Ana y yo estuvimos conversando sobre nuestras ex-parejas, realmente yo solo tenia a Fran y bueno a la chica que me saco del armario. Le conté a Ana que creía que el amor era lo que sentía por Claudia, por ella deje a Fran, pero ahora cada día que pasa mas enamorada estaba de Ana, no tenia ningún pensamiento que no fuera ella, tanto que estaba deseando terminar mis estudios para ponerme a trabajar y que nos pudiéramos día vivir juntas. Le conté que antes de conocerla estaba con esta chica pero que vivía en Bolivia y que realmente era como un juego pero nada mas, que creía estar enamorada y que ahora sabia que no. Hace tiempo deje de hablar con ella, pero realmente no hemos terminado como quien dice porque simplemente no me puedo comunicar con ella, así que es como si supiera nada, porque casi nunca se conecta. Le mande un email diciéndole que lo nuestro se había terminado pero no respondió, ella normalmente se conectaba en la tarde y claro yo no tenia Internet, así que no sabia si se había enterado-.

**Session Start, feb. 27 10:30:39 2003

Maggie ama a Ana: hola amor, ¿q tal estas?

Ana: me siento un poco rara, pero estoy bien

Maggie ama a Ana: ¿rara?, eres rara, pero eso es caso a parte

Ana: ¿así que soy rara eh?

Maggie ama a Ana: las mujeres sois muy raras amor, ya le conté a Claudia ya sabe q tengo novia, bueno hice q se lo dijeran

Ana: no tenias que haberle dicho nada si no querías cielo, en fin...

Maggie ama a Ana: q espero q se te hay a pasado la paranoia, bueno terminar termine con ella antes de estar contigo, pero así se entera de que estoy contigo mejor. Así me deja tranquila.

Ana: estoy rara, no se si se me ha pasado la paranoia o no

Maggie ama a Ana: en fin, yo me siento mal, por lo q ha pasado

Ana: no tienes que sentirte mal

Maggie ama a Ana: no claro, es fácil decirlo, pero si tu estas rara, ahora la q se siente insegura soy yo

Ana: pues no te sientas insegura, por mi parte no tienes ningún motivo para sentirte así, te amo, y siempre será así, no voy a dejarte nunca, y me muero si te pierdo

Maggie ama a Ana: pos, entonces no me hagas sentir lo contrario

Ana: ¿que es lo que te hago sentir?

Maggie ama a Ana: q estas muy mal por mi culpa y q sientes q te voy hacer daño, por lo q me vas a dejar

Ana: y sin embargo la sensación que tengo yo es que tú me vas a dejar a mí

Maggie ama a Ana: ¿Por qué? ¿Que razón tendría? Pos eso me hace sentir q tu quieres q te deje porque no estas a gusto conmigo

Ana: ¿que no estoy a gusto contigo? pero si esta última semana he sido la más feliz del mundo, todo el día llevaba una sonrisa de oreja a oreja gracias a ti, siempre te he dicho que estaba muy a gusto contigo, ¿en serio crees que yo quiero que me dejes?

Maggie ama a Ana: ahora mismo lo parece, no se amor me toy rallando

Ana: precisamente estoy así por el miedo que tengo a perderte, y resulta que para ti es que quiero que me dejes

Maggie ama a Ana: pues no me perderás, pq yo te amo y te fastidias porque no te voy a dejar

Ana: ¿sabes?

Maggie ama a Ana: dime amor mío

Ana: este silencio que hay entre nosotras desde anoche, no me gusta...me produce mas miedo si cabe

Maggie ama a Ana: que buscas, que quieres de mí, ¿dime que hago?

Ana: yo quiero silencios, pero no estos, porque estos me incomodan, te quiero a ti, simplemente, quiero que las cosas sean como han sido estos días atrás, solo eso, te amo y ahora no concibo mi vida sin ti

Maggie ama a Ana: pos entonces hagámoslo, pero yo contigo así no puedo, te sientes rara y me haces sentir rara, yo lo siento, yo también princesa te amo, te quiero

Ana: no se tú, pero yo nunca había sentido lo que siento por ti, no me había sentido nunca tan querida como me haces sentir tú, nunca nadie me había dado tanto en tan poco tiempo como me has dado tú

Maggie ama a Ana: pos eso es lo importante amor

Ana: y eso que estamos en la distancia, si, es lo importante, ¿pero por que no dejo de tener miedo?, puede que por eso, porque es mucho lo que siento por ti, tanto que me da miedo

Maggie ama a Ana: no tengas miedo, porque no te voy a dejar

Ana: ¿esta segura?

Maggie ama a Ana: muchísimo nunca lo he estado tanto

Ana: te amo

Maggie ama a Ana: te amo

Ana: ¿tú me quieres?

Maggie ama a Ana: ¿que si te quiero? Déjame pensar, mmm, te amo, pero quererte apenas, te amo eso si

Ana: ya te vale, ah, ósea que de quererme na, ¿no?

Maggie ama a Ana: ay cari, claro que te quiero, pero es amor mas que un querer, quiero amarte y te quiero con todo mi amor

Ana: te amo y te quiero, ambas a la vez

Maggie ama a Ana: ¿de 4 a 5 estarás conectada?

Ana: mmm, no lo se, depende de si mi madre se pone al ordenador o no

Maggie ama a Ana: mmm...q mal rollo

Ana: ¿tú vas a estar conectada?

Maggie ama a Ana: si

Ana: ¿pues yo intento conectarme también vale?

Maggie ama a Ana: ok

Ana: te amo, te amo, te amo, te amo, te amo, te amo, te amo, te amo, te amo, te amo, te amo

Maggie ama a Ana: yo también te amo

Ana: te amo, ¿me perdonas?

Maggie ama a Ana: ¿el q te tengo que perdonar?

Ana: el haberme puesto celosa, el haber tenido miedo de perderte, el creer que no solo me amabas a mi, todo eso

Maggie ama a Ana: no tengo nada q perdonarte cari, pero que sepas y tengas claro que yo solo te amo a ti mi cielo

-Suena mi teléfono, la voz de Ana preocupada, quería escuchar de mi una sonrisa-, "no me apetece sonreír estoy enfadada conmigo porque nunca hago las cosas bien, y me apetece que esto salga bien porque estoy perdidamente enamorada de ti, hablemos por el Chat, que al final te vas arruinar"

Ana: Vale cielo, pero tranquila ¿vale? Te amo

Maggie ama a Ana: anda hablemos por aquí

Ana: okis, digo, que olvidemos lo de anoche

Maggie ama a Ana: ¿tú podrás? Si tú puedes yo también

Ana: si, pero no quiero que estés enfadada contigo misma, por nada

Maggie ama a Ana: ya empezamos

Ana: para mi eres maravillosa

Ana: por que dices, ¿ya empezamos?

Maggie ama a Ana: porque nada, déjalo

Ana: no quiero dejarlo cielo, quiero verte bien, no quiero hacerte daño, y menos que te lo hagas tu sin motivo, para mi eres la mujer mas especial que ha pasado en mi vida, te guste o no y eso no va a cambiar, eres la persona que mas me importa ahora misma, la única dueña de mi corazón, ,la persona a la que amo, quiero y admiro, de la que me siento muy orgullosa y afortunada por tenerte conmigo, la persona que quiero cuidar, proteger, amar, darte todo lo que necesitas, todo lo que te mereces

Maggie ama a Ana: sabes no me gusta q me digas tantas cosas bonitas porque me haces sentir muy rara, no me merezco nada

Ana: pues vete acostumbrando, porque no va a pasar ni un solo día en que no te recuerde lo maravillosa que eres para mí, te lo mereces todo y yo te lo voy a dar

Maggie ama a Ana: no sigas

Ana: no entiendo por que me dices que no siga, te estoy abriendo mi corazón y diciéndote lo que siento por ti

Maggie ama a Ana: porque quizás debe de ser la poca costumbre y no me gusta, lo se, perdona, no se q me pasa hoy, uff me siento súper rara

Maggie ama a Ana: sabes anoche tuve pesadillas, siempre es la misma, parece como si me saliera del cuerpo, y al lado de mi cama hay un hombre al cual no le veo la cara vestido de negro, me da la sensación de que estoy medio dormida, e intento despertarme y sigo durmiendo y vuelvo a aparecer la misma situación, y así una vez tras otra, hasta que consigo despertarme, yo pienso que es ansiedad, pero me siento fatal

Ana: son solo pesadillas, y ya, me da miedo que me digas que te sientes rara...

Maggie ama a Ana: pero no es por ti

Ana: bien, bueno me cuentas que te pasa, ¿porque tienes esa ansiedad?

Maggie ama a Ana: tengo unas ganas de independizarme, necesito evadirme de todo, relajarme, descansar, escapar de mi casa, poner todo en orden, estar sola mi cabeza, mi corazón y yo

Ana: ¿evadirme de mí también entra en todo lo que estas diciendo?

Maggie ama a Ana: ¿de verdad eso crees? Eres la única persona con la que me apetece estar, necesito que me des un abrazo, y te quedes agarradita a mi durante horas, no me hace falta que me hables si quiera, solo que me abraces, necesito tu amor, la paz que me das.

Ana: vente conmigo en semana santa, te relajaras, descansaras, estarás bien

Maggie ama a Ana: y seguro q estando contigo estaría mucho mas a gusto, tú sabes q eso es casi imposible, lo siento

Ana: inténtalo, no pierdes nada

Maggie ama a Ana: lo voy a intentar, pero de primeras ya te digo q no

Ana: Okis

Maggie ama a Ana: mmm, q sueño tía, me voy a quedar dormidita

Ana: esta noche a dormir, y este finde largo, a descansar y estudiar

Maggie ama a Ana: yo quiero salir, ayer en la tarde te escribí una carta, te la paso y la lees y me dices algo ¿vale? No es romántica es un grito a mi patética vida en casa, necesito que me eches una mano o me calmes porque estoy hasta las narices de todo, es q tar en casa es un coñazo, me agobia la situación con mis padres.

¿Como estas? Yo no estoy bien, mi padre me acaba de calentar la cabeza y cuando se pone así me enferma. Fíjate las polladas que me pasan, mi madre me manda al sótano a por una caja de leche, como últimamente me duele la espalda pos dejé la puerta del sótano abierta ¿cuánto 30 seg.? Para no tener que hacer esfuerzos para abrir la puerta, por eso la deje abierta, pos el por sus cojones tiene que cerrarla, cuando subo, me dice que porque dejo la puerta abierta, que me va a partir la cara, y yo le explico porque y me sigue gritando, al final termino yo alzando la voz, y yo al menos termino súper mosqueada con el, joder no es capaz ni de entender porque deje la puerta abierta, como va a entender otras cosas. Para encima cuando me voy se encara conmigo, como si fuera un niño chico y me dice que no le mire mal, siempre igual cari, yo no se como le mirare que le moleste tanto, en fin, que como estoy demasiado sensiblemente últimamente me siento agobiada e incomprendida.

Hola de nuevo, sabes eres increíble, a veces pareces tener un sexto sentido, es como si supieras que te necesitaba en ese preciso instante, ahora estoy mal de nuevo porque estoy harta de todo, me gustaría tirar la toalla, te pareceré una estúpida que le da igual su vida, que dice que aunque este enferma y si le da cáncer tirara la toalla, uy... pos si soy así, me da pánico la muerte, el hecho de que te metan en un agujero me horroriza, pero algunas veces me siento tan mal que solo encuentro esa solución a lo que se supone que es un **problema** para todo el mundo que me rodea. Hasta para mi empieza a ser un problema, mira acabo de decir esto y a empezado una canción que me recuerda a Julia, y digo no es mi problema es problema de los que me rodean. Pero en realidad si lo pienso quizás antes me faltara lo más importante de mi vida el sentirme a gusto conmigo misma, el sentir que puedo conseguir la felicidad total, el saber que puedo estar con una mujer que es normal, pero me dicen tantas veces al día que no es normal, que voy a empezar a creer. Sabes que es lo mas fácil, para mi es muy fácil salir por heterolandia y encontrar novio porque se exactamente como actuar, me podría dejar llevar por un tío y hacer oídos sordos a mis sentimientos. Es como si me hiciera daño con esto que yo siento a mi misma, me gustaría desaparecer del mapa, me siento muy bloqueada, ahora lo pienso y no se por donde coger los estudios, no soy capaz he perdido demasiado el hilo, y cada hora que pasa, es una hora mas que se me hecha encima, pero no se que hacer, me siento inútil, sin ganas de nada. Tengo mucha suerte de tenerte como novia, pero estoy en una etapa de mi vida muy débil, soy como dice una amiga mía una vela que si le soplas se apaga (la filosofa del grupo). Joder, no paro de pensar que es lo mejor, que es lo peor y no llego a ninguna parte, de aquí a 5 meses mi vida es un desastre, debería de ser todo lo contrario, debería ser la tía mas feliz del planeta porque "casi" hago lo que quiero. Te amo y estoy contigo, a medias pero lo estoy pero hay un pero, mi pero es todo lo que me rodea. Yo se que tarde o temprano pasara toda esta tormenta que me ahoga pero me resulta tan difícil cruzarla. Desde que decidí saltar no hago mas que caer y caer, a veces hay alguien como tu que me ayuda y me hace sentir unas ganas enormes de vivir, de soñar e ilusionarme, de ver que no todo es negro, me levantas y me impulsas, se que cuando este contigo todo será diferente, pero yo no soy persona de ocultar mis sentimientos, es decir yo si te amo se lo digo a todo el mundo, si vivo contigo me gustaría que lo supiera todo el mundo en especial mis padres, me gustaría que entendieran quizás demasiadas cosas, tal vez pida demasiado, no se...seré demasiado exigente con ellos. El día que mi padre se entero de la historia se me callo el mundo encima, yo confiaba en mi madre, pero mis padres son de esta manera no piensan en sus hijos, piensan en la demás gente, el problema puede ser que lo tenga yo que me da igual decir que me gustan las mujeres (¿te das cuenta el cacao mental que tengo?) creo que debería de ir a una psicóloga porque el día menos pensado se me cruzan los cables y dejo de hacer daño a mi familia. Porque aunque yo sienta esto su opinión me afecta como la que mas. Por eso a veces soy tan infeliz, no comprendo porque existo si en realidad simplemente soy un desastre, e incluso igual ahora mismo te estoy haciendo sufrir a ti, que eres lo que de verdad mas me importa. Me gustaría cambiar el mundo, me encantaría luchar por lo que siento aunque de mi vida en eso, me gustaría levantar la voz y decir a todo el mundo ser así es NORMAL. No se amor pero así soy yo al menos por ahora sigo en mis trece de coger el camino mas difícil porque todo mi ser me lo pide así. Tengo muchos perjuicios aun, porque es lo que me han inculcado por eso, aun así que sepas que yo siempre te voy amar, siempre"

Ana: que pena que estemos tan lejos, te daría un abrazo, yo voy a estar aquí siempre, siempre para ti, quiero que estés conmigo, no aguantes más esa situación

Maggie ama a Ana: no, no puedo hacer nada, ellos son así y me meten tanta presión que no puedo más mi amor

Ana: cielo ¿te puedo decir una cosa?

Maggie ama a Ana: dime, puedes decirme lo q tú quieras

Ana: voy a hacerte muy feliz, te lo prometo

Maggie ama a Ana: yo a ti tmb pastelosa

Ana: joooooo, pastelosaaaa, soy mu cariñosa, mimosa y romántica

Maggie ama a Ana: yo tmb, pero tengo el día muy extraño, tengo ganas de no se, ¿descargar energía?, no se, saltar, correr, bailar, y no de alegría, como de impotencia

Ana: entiendo lo que quieres decir, no te sientas impotente por nada, coge mi mano, yo estoy contigo, esto es un sueño, sueña conmigo, mi estrella será tu luz y conseguirlo no es tan difícil

Maggie ama a Ana: pastelosilla q eres

Ana: ahora no lo termino, te amo

Maggie ama a Ana: yo también te amo, que vaya bien el entrenamiento

Ana: cielo me voy que si no no llego, ya te cuento cuando vuelva que tal ha ido y estate bien por favor, un besazo

***Session Close

**Session Start, Feb 28 10:10:32 2003

Ana: Hola mi amor

Maggie: Hola cari, que tal estas, te he extrañado mucho

Ana: He estado pensando que como yo por el momento no puedo ir, y creo que ambas nos morimos por vernos, ¿porque no vienes a verme?

Maggie: No trabajo no tengo dinero, ya lo sabes

Ana: ¿Y si te pago el billete de ida y vuelta? Dame tu numero de cuenta y te hago el ingreso, sacas el dinero y te vienes a verme, ves solucionado.

Maggie: No es tan fácil mi amor, y mis padres que les cuento, nunca me dejaran pasar una noche fuera

Ana: Invéntate algo que sea ingenioso, seguro que se te ocurre lo que sea y nos conocemos por fin en persona, me muero por verte, por besarte, por abrazarte

Maggie: El día que te vea te mirare a los ojos, y entonces te diré que te amo, te mirare y te haré sentir todo lo que guardo aquí dentro, que crece cada día mas, con cada palabra, con cada llamada, te juro que me muero por verte.

Ana: Pues hazlo vente mi vida.

Maggie: Y si fuera donde iríamos, porque en tu casa están tus padres ¿no?

Ana: Bueno tienen planeado un viaje dentro de 2 fines de semana a los Pirineos Aragoneses, así que si se van nos quedamos en mi casa, y si no pues no nos quedara mas remedio que irnos a un hostal o algo así baratito, porque ya sabes que de pelas voy corta últimamente, y si tú no sacas dinero pues tendrá que ser así.

Maggie: Nunca me dejan salir de casa, voy a ver que me invento ya te contare, tenemos un examen sorpresa, y no estudie nada, te tengo que dejar, te amo, te amo, te amoooooooooo

Ana: Suerte, te amo. Ya hablamos

**Session Close

Mi Primera Metida de Pata

-Volví al Chat del principio y busque a la ex de Ana una tal Mari Puri y bueno hable con ella y le explique que yo era la novia de Ana y que la dejara ya de molestar, ya que esta no paraba de mandarle emails a mi niña, y aunque no era cosa mía decirle que estaba conmigo porque su relación había terminado recientemente, mis celos pudieron y me fui de la lengua.

Así que la tal Mari Puri llamo a mi novia y bueno le contó lo que paso en el Chat, y Ana y yo tuvimos nuestra primera discusión fuerte.-

**Session Start, Mar 07 10:24:42 2003

Ana: Hola Maggie

Maggie: ¿Solo hola Maggie? que frío no, ¿te pasa algo?

Ana: no se

Maggie: solo no se ¿y porque estas así?

Ana: no se, la verdad que no me apetece hablar, pero que sepas que me ha llamado Mari y me ha contado lo del Chat, ya te vale, ¿quien te crees que eres?

Maggie: Lo siento soy una boca chanclas, pero me metí en el Chat y la vi y no pude callarme

Ana: Te has pasado y se ha puesto a llorar, y me lo has hecho pasar súper mal, no sabia que decirle, ¿en que estabas pensando? La verdad es que no me apetece hablar de esto y la verdad es que hoy no me apetece ni si quiera hablar contigo.

Maggie: si no lo hablas conmigo no se con quien lo vas a hablar sabes te amo, no quiero q estés mal conmigo, me duele, soy una mete patas de la leche, no me castigues mas por favor

Ana: yo no te estoy castigando, no lo puedo evitar, no me gusta estar así que lo sepas

Maggie: esto para mi es como un castigo, ves tas mal conmigo, estoy mal yo, punto

Maggie: conmigo, y no me gusta q estés mal, pq si tu estas mal yo estoy mal, me pongo yo rara, y al final

Ana: ¿y al final que?

Maggie: taremos las dos raras, tu te rallaras yo tmb y al final todo se ira a la mierda y yo no quiero que todo termine por una estupidez mía, pq yo te amo y no se que haría sin ti. Por cierto mañana me lleva Richie a la estación

Ana: muy bien

Maggie: pq no me fío del bus, cari, ya háblame

Ana: intento estar como si no hubiera pasado nada, pero no puedo, ahora mismo tengo el corazón encogido, no se

Maggie: una pregunta, ¿quieres dejarlo conmigo o que?

Ana: no

Maggie: entonces no tes así amor mío

Maggie: ¿me amas? Pq yo si a ti y la jodi, pero intento arreglarlo, y tu no me dejas

Ana: no es que no te deje arreglarlo

Ana: mañana hablaremos y lo dejaremos todo claro

Maggie: mañana cuando te vea ya no sabre como actuar

Ana: mañana simplemente actúa

Maggie: ¿sabes q me va a pasar? mi padre me va a llevar a un manicomio de verdad, quizás este loca como dice

Ana: no digas tonterías, no me gustas nada cuando te pones a decir tontería tras tontería

Maggie: no se que hacer para que te des cuenta de q toy arrepentida, de que nada me duele mas que esto, de que quiero que estés bien, de que sin ti nada tiene sentido, ganas de gritar o salir corriendo son pocas cosas para decirte que siento, solo se que si tu no me cambias de actitud, me va a dar algo

Ana: no te va a dar algo, relájate y espera a ver lo que pasa mañana, veras como todo va bien, además mis sentimientos por ti siguen siendo los mismos

Maggie: pero eres distante, fría, y estas muy enfadada conmigo

Ana: no estoy enfadada contigo

Ana: guapa

Maggie: ¿pq me dices guapa?

Ana: porque lo eres

Maggie: te voy a llevar una cosa que conservo desde hace mucho tiempo, es algo que apareció en mi costurero, creo que me lo metió desde bien pequeña, esta plastificada, pero debe ser antigua.

Ana: la conservare y te la devolveré el día que volvamos a estar juntar para no separarnos jamás

Maggie: me parece justo, pero no quiero q me la devuelvas, mejor cuando estemos juntas las compartiremos

Ana: cielo, voy a tener que desconectarme

Maggie: te amo, ¿porque te vas?

Ana: te noto rara, ¿seguro que no te pasa nada?

Maggie: ;-) te amo princesa, es en lo único que puedo penar, en que no quiero perderte. Eres todo para mi eso es lo que me pasa. Estoy muy asustada de que me dejes

Ana: cielo, no te voy a dejar, no me vas a perder, te amo

Maggie: mas te vale, ¿pq te vas a desconectar?

Ana: me iba a poner a estudiar, llevo unos días que no he tocado un libro, por cierto tráete también algo para ponerte cómoda

Maggie: yo intentare sacar pelas

Ana: si por favor...de debajo de las piedras

Maggie: mmm, te quiero, muchísimo

Ana: te quiero

Maggie: ¿tas mejor? mañana pienso quitarte todos tus males

Ana: no preguntemos como estoy vale, simplemente estoy, poco a poco y no pienses en nada

Maggie: no se como pero algo tengo que hacer

Maggie: necesito ver tus ojos, y saber que dicen, necesito coger tus manos y notar que sienten, necesito abrazar tu cuerpo y ver que me quiere, necesito besar tu cuello y sentir que me necesitas. Te necesito Ana

Ana: Yo también te necesito

Maggie: Bendíceme con el privilegio de una mirada, tal vez solo con ella pudiera llegar a ser un ángel como tú y ser digno de contemplarte por toda la eternidad

Maggie: Quisiera que mis ojos fueran el cielo para verte, mis manos el viento para tocarte y mis labios la lluvia para besarte

Maggie: Si cada vez que pensara en ti una estrella se apagara, no habría en el firmamento una estrella que brillara

Maggie: No quiero la luna, no quiero el sol, sólo tu cariño quiero porque me muero de amor

Ana: tas pastelosaaaaaaa

Maggie: Te metiste en mi alma como río en el mar y dejaste en el fondo el deseo de amar.

Maggie: yo nunca

Ana: nooooooo

Maggie: es locura temporal

Ana: que va, ¿locura?

Maggie: q no

Ana: entre el otro día y hoy, ya me has quitado el titulo

Maggie: nunca, eso es solo tuyo

Ana: no no no, me estas superando con creces, créeme

Maggie: El viento susurra con fuerza, tu nombre en mi corazón, recordándome tu rostro y llenándome de ilusión

Maggie: jamás

Ana: si siii

Maggie: Cuando termines de contar todas las estrellas, sabrás también cuanto te amo

Ana: pedorrila, pedorrilla

Maggie: Vi una estrella fugaz y un deseo pedí: que tú me quieras como yo te quiero a ti

Ana: escucha, ¿como llevas los exámenes?

Maggie: jajaja, eso tiene gracia, Fol. y Ret. bien, Oracle a partir del lunes me pondré, a ver si así

Ana: ¿pero crees que aprobaras?

Maggie: eso espero, en el cielo hay una estrella que no deja de brillar y en la tierra hay una chica que ilumina con su mirar

Ana: otra cosa, en que estación paras aquí

Maggie: pera lo miro, q tengo los billetes aquí, ¿aratesa?

Ana: imagino que pararas en agreda

Ana: pero era por asegurar

Ana: a que hora te vas el domingo de Zaragoza

Maggie: ah

Maggie: a las 5.45

Ana: ¿si? Yo pensaba que te ibas antes

Maggie: te cuento, ¿me quieres echar tan pronto? Salgo a las 10 de granada, llego a las 14.45 a Madrid, a las 16.30 salgo de Madrid, llego a Zaragoza a las 20.15, salgo de Zaragoza a las 5.45, y llego a Madrid a las 9.30, luego a las 10 tiro pa granada y llego a las 15.20

Ana: okis, mu bien

Maggie: ¿alguna duda más?

Ana: cuando llegues a Zaragoza, coge un taxi, y dile que te lleve, La estación de los enlaces

Ana: bueno ahora si que tengo que dejarte, tengo que ayudar a mi padre y recoger mi habitación y la de mi hermana

Ana: esta noche te llamo

Maggie: yo estaré por aquí hasta las 14.50

Ana: y si no hablamos por la noche

Maggie: como desees amor mío

Ana: te amo

Maggie: te amo

Ana: un beso

Ana: ta luego

Maggie: ¿hace frío?

Ana: bueno..........

Maggie: pregunta obligada

Ana: no te vengas de verano, pero tampoco mu abrigada

Maggie: con escote o sin el

Ana: no se

Maggie: jejeje

Ana: jejeje

Ana: no se

Ana: de todas formas

Maggie: te amo loca

Ana: en cuanto salga del curro iremos pa la pensión

Maggie: te amo princesa

Ana: te amo

**Session Close

―Como siempre me recogió mi padre en el Instituto, estaba mas o menos a media hora de mi casa, estuve pensando la manera de entrarle para pedirle permiso para ir a Zaragoza, pero sin decirle que iba a ir allí, así que dándole vueltas, llegue a la conclusión de que lo mejor que podía decirle que había un cumpleaños de una amiga, y que si me podía a quedar a dormir con ella, íbamos a hacer una fiesta de pijamas de chicas claro, jajaja, que ingenuo pensé, si son chicas lo aceptara aunque sepa que me gustan no imaginara nada... se creen que mis amigas son heleros todas, bueno si lo mejor será que le cuente eso.

Maggie ¿que tal va el curso este trimestre?, tienes que estudiar que pronto tienes los exámenes. Y ya sabes el dineral que nos esta valiendo que estudies ahí

Si papa, lo se, ojala me hubieran cogido en el público y así no tendrías que pagar nada

Bueno, yo solo quiero que estudies, a ver si nos das una alegría

Papa te prometo que aprobare todo con buena nota, para que estés orgulloso de mí

Bueno vamos a comer, ¿tendrás hambre?

Mucha, ¿que ha hecho mama de comer?

Patatas fritas, con pechugas de pollo, iba a hacer

Que rico, me muero de hambre

Esta tarde me pondré a preparar los exámenes

–Cuando llegamos a casa, mi hermano José le abrió la puerta del garaje como era de costumbre, mi padre metió el coche, salude a mi perro Rocky, era un perro muy gracioso, era pequeñito de pelaje negro y parecería que llevaba un antifaz en la cara, a el le podía contar todo, siempre guardaba todos mis secretos. A mi madre la quería mucho Rocky todas las mañanas saltaba la valla, y se iba a la cocina en cuanto escuchaba a mi madre levantar la persiana, corría hasta allí y mi madre con una servilleta mojada, le lavaba los ojos con

mucha ternura, y le daba un grano de café, la saludaba con unos saltos tremendos, llegaba hasta la cara de un salto.

Recuerdo cuando fui a por mi perro, me lo regalo un tío de Fran, fuimos de visita a casa de sus tíos, y tenían unos 6 cachorros, querían regalarlos cuando destetaran de la madre, así que cuando yo llegue, a mi que me encantan los animales, me puse a coger uno detrás de otro, y me dijo Fran quédate con uno los van a regalar, no se si mi padre va a querer, me da miedo, bueno le dices que te lo regale yo y así no creo que diga nada....no se.... Tenia en la mano a Rocky, dije este es macho, mi padre no quiere una hembra pq dice que luego traen problemas, así que si me llevo uno seria este, es muy gracioso, parece que tiene un antifaz en la cara.

Lo cogí y lo metí en mi gorro de lana, allí se enrosco y se durmió, esa tarde hicimos varias visitas, yo llevaba al perrito como a un bebe, era súper lindo, en casa de la tía de Fran nos dieron de comer, le di trocitos pequeñitos a Rocky, mas que pequeñitos diminutos, porque era chiquitito, chiquitito, daba tanta ternura, Estaba preocupada porque no se si mis padres lo aceptarían. Llegue a casa y Fran entro conmigo, mi padre en cuanto vio al pedro, me soltó ya te puedes llevar eso por donde a entrado, de aquella vivíamos en una casa de dos plantas, pero sin terreno, no en un chalet como ahora, bueno pues eso me soltó y Fran como pocas veces, salio en mi defensa, estaba también un poco cansado de las prohibiciones de mi padre. Felipe no le riñas a tu hija, se lo he regalado yo, y bueno ya es muy tarde para devolverlo. Mi madre me dijo tráemelo que lo vea, se lo deje en el regazo con el gorro, mi madre lo acariciaron con ternura, y le dijo a mi padre, mira que guapo es, mi padre rezando me dijo que es un macho o una hembra, papa es nene, bueno llévatelo al sótano y mañana te lo llevas de donde lo trajiste... Acompañe a Fran a la puerta, ya veras Maggie como en un día se encariña con el, si espero que no de guerra esta noche porque si no me las voy a ganar, bese a Fran y se fue para su casa, el vivía justo en frente mía.

Regrese al salón, mi madre seguía con Rocky en brazos, vamos Maggie al sótano y lo dejamos allí. Mi madre copio unos trapitos y una caja de zapatos, allí le preparo una cama a Rocky, cogió un reloj y lo puso debajo de los trapitos, me dice así pensara que es el corazón de su mama y dormirá tranquilito toda la noche. Mama aquí va a pasar mucho frío, mi padre bajo y le dijo a mi madre me voy a la cama, si ahora subo yo tranquilo... sabes que vamos hacer le ponemos debajo también una bolsa de agua caliente, para que no pase frío, y mañana bien temprano te levantas y limpias esto para que vea tu padre que te harás responsable de el. Así que paso un día tras otro y mi Rocky se hizo con mi padre con sus juegos.... Se quedo en la familia...

Subí las escaleras y llegue a la cocina donde se encontraba mi madre friendo el pollo al ajillo, olía a gloria, hola mama, dijo hola cariño, lávate las manos que vamos a comer, y pones la mesa... así que lo hice, con pocas ganas puse la mesa, estaba cansada del Instituto.... Mi madre sirvió la comida y nos dispusimos a comer, como en mi casa es de costumbre no solemos ver la tele y mientras transcurre la comida hablamos de todo un poco, mi padre le contaba a mi madre las retenciones de la carretera de Granada, ponía la radio, yo siempre pensaba pone las noticias de la radio tan bajitas, que no las escucha, las pone para escuchar nada mas que murmullos, y eso que decía estar sordo de un oído....mi hermano José recién se había levantado, ya que hoy descansaba del trabajo, a veces el se esperaba media hora cuando trabajaba y me recogía el... otras veces me recogía Nacho mi otro hermano, dependía del día, Mi hermano Nacho casi no aparecía por casa entre el trabajo y los preparativos de su boda, no tenia mucho tiempo, mi hermana Luisa hacia un año que se había casado, y los otros Vivian en Asturias....

Recogí la mesa y metí los platos en el lavavajillas, me fui a la habitación y dormí un rato, me levante y me puse a estudiar, mi padre como de costumbre entro a la habitación sin tocar a la puerta, a ver lo que estaba haciendo, y me vio estudiando-.

Al rato me llamo Ana,

Hola mi amor, ¿que tal?

Pues aquí estoy estudiando cari,

Muy bien eso es lo que tienes que hacer, ¿le has dicho algo a tu padre?

No me he atrevido a ver si esta tarde le digo algo...

¿Que le vas a contar?

Le diré que me quedare a dormir en casa de una amiga, que es su cumple, aunque no creo que cuele... Lo único que se me ocurre es sobornando, hoy ha llegado una carta del instituto que siempre mandan antes de los exámenes finales, de cómo vas en los exámenes sorpresa que hacen, vaya de cómo llevas el trimestre y de que en breve se presentan los exámenes finales, y bueno tiene buenas notas, así que le diré que me deje con ese pretexto

Seguro que te deja ya veras que si...

Eso espero tengo muchas ganas de verte,

Y yo a ti mi vida, veras que todo va a salir bien

Luego tendré después de estos exámenes que hacer 300h de prácticas en una empresa y termino, solo quedan 4 meses....

Dentro de poco las vacaciones, así tendremos mas tiempo de vernos, es una pena que estemos tan lejos....

Si es una pena, porque sin trabajar y en las practicas no pagan, no se como nos vamos a ver

Pues cielo ya veremos la manera para arreglarnos, primero nos conocemos y luego ya veremos vale, habla con el. Ok? Bueno te cuelgo que tienes que estudiar, esta noche te llamo sobre las 11 para darte las buenas noches, ¡te amo!

¡Te amo más que a nada en el mundo!

-Llego la noche, cenamos y me fui a la cama ... Llegaron las 11 y me llamo Ana de nuevo, ya era una costumbre, hablábamos un poco de cómo había ido la tarde, nos dábamos las buenas noches y colgábamos.

Hola amor ¿le has dicho a tu padre?

-Pensé que era muy pronto aun faltaban dos semanas, mi padre tarda poco en dar un no, mas bien si tiene dos semanas para pensárselo me dirá que no seguro-

Tengo que dejarle poco pensé tiempo reaccionar, y que me vea estudiando todas las tardes, faltan dos semanas cielo, es muy pronto ¿no crees?

¿Seguro que será mejor así?

Yo creo que si, lo he estado pensando...

Como tu veas cuando se lo digas me avisas...

-Bueno además de el problema de mi padre, yo con mi teléfono de prepago poco llamaba a Ana, así que también estaba el tema del dinero pendiente, como era el "cumpleaños de mi amiga" mi madre me daría algo para comprarle algo, pero seguro que no mucho, para pagar un hostal, y Ana ya pagaba mi viaje, la comida, la estancia, era totalmente un abuso por mi parte...-

Y tus padres siguen con los planes

Pues ni idea, no han dicho nada

Cari, me da cosa ir, no tengo dinero lo vas a tener que pagar todo tu, a poco q me den mis padres, y con el dinero de mi almuerzo no creo que llegue a 50 euros

No te preocupes por eso mi vida, lo hago con gusto...pero eso si tengo que colgarte que esto sale muy caro

Así que buenas noches, sueña conmigo

Lo haré como cada noche, imaginando nuestro encuentro…

Te amo, te amo

Colgamos…………

-Paso una semana, entre estudios, libros , clases, hablando con Ana, llegaba cansadísima a casa de tantas clases aburridas, lo único que movía ahora para ir animada a clase era hablar con Ana, era emocionante, me había vuelto un hacha en el arte de esconderme detrás de las torres de los ordenadores de clase, sin que me pillara el profesor, desde las 8 de la mañana, a las 15h mas o menos entre esas hora hablaba con Ana, los profesores pensaba que cogía apuntes por el ordenador como hacíamos todos en clase, para habituarnos a la escritura por este medio, pero no yo chateaba, los apuntes me los pasaba Richie casi siempre, y casi siempre el temario lo teníamos en fotocopias encuadernadas…Si lo se, no estudiaba nada en clase, no atendía, pero no lo podía evitar, me había enamorado y no veía ni en mi futuro, ni en otra cosa pensaba que en pasar mi vida con Ana..

Llego el día en que tenia que pedirle permiso a mi padre para poder ir a Zaragoza, le conté que el fin de semana era el cumple de una amiga y que íbamos hacer una fiesta en su cortijo, que como había aprobado los exámenes y los llevaba muy bien, que si me dejaba ir, me dijo que lo pensaría.

Al día siguiente le volví a insistir diciéndole que nos íbamos a quedar todas chicas allí a dormir, mi padre se hacia el duro pero le convencí, le conté todo lo que le explique a Ana y el Sábado me fui al viaje tan esperado-

Mi Primer Viaje, Destino Zaragoza

-Ya por fin aquel día, nos íbamos a ver, solo unas horas, para mi las suficientes, solo quería mirarla a los ojos, tocarla, sentirla cerca y ver si todo lo que sentía era real, si no era simplemente una ilusión, un espejismo, algo pasajero sin sentido.

Llevaba desde hacia días con una idea clara, que haríamos el amor, un montón de cosas, besos, caricias, todo eso... pero vaya que lío, me había bajado la regla, como cada mes tan puntual, no se podía haber retrasado un poco, y yo por suerte o por desgracia, con tantas ganas de verla que no me había percatado de aquel pequeño inconveniente.

Me duche, me depile con una maquina de cortar el pelo porque con una cuchilla no estaba segura, me daba miedo cortarme en las zonas mas delicadas, lo demás fue con cuchilla, ¿con que se depilara ella?, me asaltaban dudas de cualquier tipo, quizás absurdas, no se me dijo y me repitió que le preguntara lo que quisiera, ahora ni si quiera se si voy bien arreglada para aquel momento. Si con la regla quizás podamos hacer algo, no sabia que hacer, al final decidí que igual aquello era una señal que lo mejor seria simplemente conocerla sin hacer nada. Me vestí de Maggie la clásica, pantalones rasos de color marrón oscuro, casi tirando a negro, camiseta negra dejando ver mis hombros, y mi abrigo largo. La ropa interior era algo horrible, una faja blanca que me agarrara todo bien y un sujetador blanco, quizás no me lo iba a ver si quiera. Llegado a este punto cogí un pijama de pantalón largo y la estampita de San Judas de Tadeo, la cual la tenia desde hacia un montón de años, guarde todo en una pequeña bolsa de color naranja que tenia desde que era niña, lo bastante discreta para que pareciera que no era un viaje largo, si no simplemente una fiesta de pijamas. Mi madre antes de irme me dio 20 euros-

Toma cariño, no te lo gastes todo, guárdalo así tienes para otro fin de semana.- A escondidas me dio algo más, sin que mi padre se enterara, me dio otros 20 para que le comprara un regalo a mi amiga del cumpleaños. Agarre los 40 euros y así poder ayudar un poco con los gastos de Ana.

Richie quedo en recogerme abajo en la parada de autobús, cogí mi pequeña bolsita naranja y agarre camino abajo la cuesta de mi casa, donde se suponía que iba a coger el autobús para bajar a Granada, donde había quedado con mis amigas, eso pensaban mis padres, que ingenuos, sin embargo al llegar a la parada de autobús estaba Richie esperándome con su twingo verde, algo destartalado, estaba de pie esperándome al lado de su coche, mas guapo que de costumbre, iba con una camisa de cuadros azules y blancos muy mona, y unos pantalones chinos de vestir.-

¿Y eso Richie, como tan guapo?, que ya sabes que no había quedado contigo

Maggie tengo que dejarte rápido, porque quede con mi novia, y le he tenido que contar una mentira para venirte a recoger, si le cuento esto no se lo cree

Si quieres hablo yo con ella, no tengo problema con eso

Olvídalo, y sube al coche

-Así como lo dijo inmediatamente subimos al coche, Richie arranco y cogió la autovía dirección Granada, estación de autobuses-.

¿Y que estas nerviosa? Me lo vas a tener que contar todo cuando vuelvas con pelos y señales

Nerviosa es poco, estoy no se, feliz, alegre, contenta demasiados sinónimos, con unos nervios de cuidado, con mariposas en el estomago todo el rato sin parar.

Pues tú déjala a ella tomar las riendas, como ella ya ha estado con más mujeres, sabrá perfectamente como tratarte. ¿Llevaras los apuntes para estudiar?

Se me ha olvidado, bueno da igual, el Domingo cuando llegue estudiare, de todas formas lo llevo casi todo al día, Ana me inculca el estudio

Eso esta bien, así os aseguráis un futuro.

Ya hemos llegado, que vaya bien, y estate tranquila todo va a salir a pedir de boca, te quiero, cuídate. Llámame cuando llegues.

Lo haré descuida, y gracias por todo.

No me des las gracias y disfruta...

-Nos dimos un beso, y se fue, compre en la maquina un botellín de agua, aun quedaban 15 minutos para que el autobús saliera destino a Madrid, busque el arcén el 22 de donde salíamos, el conductor me pidió el billete y me subí, tenia el asiento 15, ni muy alante ni muy detrás, como a mi me gustaba, ventanilla por supuesto para ver el paisaje.

Al lado se me puso una señora mayor, que no paraba de hablarme, cada vez me ponía mas nerviosa, me hablo de su marido, de su nuera, de sus nietos, 4 horas de conversación muy amena. Ella sola hacia su monólogo y yo asentía con la cabeza, sumida en mis propios pensamientos. A Veces la voz de la señora era muda, mis pensamientos hablaban más alto que su voz, que todas las voces que en aquel autobús murmuraban. Pensaba en Ana, en mi encuentro, en como seria besarla, aun seguían aquellas mariposas revoloteando por mi estomago, un montón de sensaciones recorrían mi cuerpo.

Parada Madrid- Estación Sur, mi acompañante me planto dos besos en cada mejilla, y se bajo, me dijo que tenga buen viaje, yo le di las gracias....Se bajaron los pasajeros con parada allí, me quede sola, el conductor se acerco y me dijo a la Estación Norte ¿verdad?, "Si asentí, en el billete pone que realizáis trasbordo allí", correcto señora en 20 min. Estaremos allí.-

–Llegamos a la Estación Norte y baje del autobús, al rato, llego al arcén el autobús con destino Zaragoza, que bien sonaba, como seria aquella misteriosa ciudad en el centro de Aragón, la verdad es que las pocas horas que estaba allí no creo que viera ningún monumento que no fuera otro que Ana. Esta vez en mi asiento no había ningún pasajero dándome el viaje, iba súper tranquila en ese sentido, por lo demás seguían mis mariposas, mis dudas, y un subidón de adrenalina cada vez que más me acercaba. Ya llegando a lo lejos se divisaban inmensos molinos con sus lucecitas rojas, empezó a gustarme aquel idílico paisaje. Repentinamente sonó el teléfono, el número era de Zaragoza pero no era ni el fijo de la casa de Ana, ni el de su móvil–.

Maggie, dijo Ana con voz dulce, ¿Por donde vas? ¿Te queda mucho?- estaba impaciente tanto como yo- Recuerda cuando llegues a la estación de las delicias...

Lo se cielo, estate tranquila, no se por donde voy, solo veo molinos por todos lados, que por cierto son enormes, y me encantan.

Ves como eres especial, me gusta que te agraden, a la gente no les suelen gustar, dicen que estropean el paisaje, pero es energía limpia.

Pues a mi me gustan los molinos, me gusta Zaragoza, y me gustas tú

¿Sabes donde paras?

No lo he preguntado, pero iré a información y preguntare donde he de coger el autobús de regreso.

Te espero....Te amooooooooooo

Eso dímelo dentro de un rato mi amor.

Chao....Chao

–El autobús tardo media hora en llegar a la parada desde aquella llamada, baje de él y me dirigí a información donde pregunte. El autobús salía de aquella misma parada...fui al servicio a peinarme y arreglarme un poco, me puse un poco de rimel, y me volví a pintar los labios, siempre me ponía una pequeña sombra azul que me resaltara el color de los ojos, un poco de raya azul, me puse un poco de color en los pómulos para que me los hiciera mas esbeltos. Termine de arreglarme, y me dirigí hacia afuera donde había un montón de taxis, me subí en el que me tocaba–.

A ¿donde la llevo señorita?

Por favor, a la estación de las delicias

¿A la estación de trenes de las delicias?

No, es una gasolinera, que se llama las delicias

A si, dijo el conductor, ok, en 10 minutos estaremos allí.

A los 15 minutos llego el Taxi, le pague, y acto seguido baje, Ana salía de dentro de la tienda iba con su traje de faena, se dirigía a mi con mucha soltura y seguridad–.

Fue mágico, nos miramos a los ojos, y nos abrazamos, no dijimos nada.

Directamente, nos fuimos a la tienda, aun no eran las 22h y todavía no podía salir, así que entre con ella, y mientras ella hacia pan, hablábamos del viaje.

Maggie, dame la mochila naranja y te la guardo aquí en el almacén para que no cargues con ella

No importa no pesa, me da igual

Ven y me la das tonta - entre creyendo que lo que quería es que entrara allí con ella dentro por su insistencia. Así que me metí medio medio y le plante un beso en los labios, correspondido, pero con medio susto por su parte no lo esperaba-

Sal para fuera, solo quería la mochila

Lo siento, pensé....

Si pero era mejor en otro sitio no crees, me has asustado

¿No te gusto?

Si que me ha gustado, pero me ha dado una cosa súper rara, no es el sitio adecuado ¿Porque si nos ven que? - Susurraba en bajo- Me encanto señorita espontánea

Ya se lo que te ha pasado, yo le digo mariposas en el estomago

Si maravillosas cosquillas, si esas mismas que indican algo...

Indican amor -dije mirándola a los ojos-.

Por cierto, no se si te parecerá bien, quizás no debí, pero invite a dos amigos Juan y Lore a comer a casa, y por cierto casi tengo que echar a mis padres de casa

Claro que no me importa, es tu casa, puedes invitar a quien quieras, pero no soy ninguna psicópata

Ya lo se, pero me daba cosa ahora se que no hacia falta

Bueno, así estas mas tranquila mejor, es raro que una chica vaya a Zaragoza a verte, sin apenas conocerte

Nadie jamás, hizo esto por mí, y creo que ya nos conocemos lo suficiente. Mis amigos no saben que eres mi novia, creen que te conocí en Granada en el tiempo que viví allí.

Ya es la hora, me voy a cambiar ahora salgo

Te espero fuera

-Mientras esperaba, dos chicos estacionaron allí, directamente se me acercaron-

¿Eres Maggie? Somos los amigos de Ana, Yo soy Lorena y el es mi novio Juan

Si soy yo, ¿que tal? Ana esta al salir

-Al mismo tiempo que salía se acerco Ana y me los volvió a presentar, a nosotros 3 nos pareció gracioso, y nos reímos de buena gana-

Que pronto os estáis riendo de mí

No es de ti cielo, es que ya nos habíamos presentado- Juan y Lorena se miraron preguntándose ¿cielo?

Anda vamos para casa dijo Ana, de mala gana

- Empezaron por parte de sus amigos las típicas preguntas, que tal el viaje, que tal Granada, etc. y llegamos a casa de Ana, ellos metieron el coche en el garaje y subimos en ascensor desde el sótano a la planta baja, que era donde vivía Ana. Abrió la puerta, y nos fuimos al salón que se encontraba a la derecha según entrabas-.

Lorena vamos a la cocina a hacer la cena -dijo Ana-

Voy con vosotras, añadí, -Juan se quedo viendo la tele-

-No entendía porque no les había contado a sus amigos la verdad, eran sus amigos, no tendría porque esconderles nada-

-Allí en la cocina, le dije a Ana que se sentara en mis rodillas, sonrío chistosamente, pero su amiga no cabía en su asombro de mi atrevimiento. Ana decidió enseñarme el piso, directamente me llevo a la habitación, era de color violeta, con unas manos marcando el fondo de la habitación, era muy original, tenia un estor de color beis, también había un escritorio con el ordenador con el que tantas veces Ana y yo habíamos hablado, me sentó en la cama-

¿Que te pasa? ¿Que estas haciendo? No quiero aun que se enteren de que eres mi novia

¿No entiendo porque?

Porque aun es muy pronto, porque quiero ver como nos va antes de presentarte como tal- Me dijo arrodillada en el suelo mirándome a los ojos.

La cogí de las manos y la mire fijamente, con mucha seguridad, sintiendo lo que decía, mi corazón se aceleraba, allí estábamos solas, frente la una de la otra, a puerta entreabierta, a escondidas del mundo. Puse su mano en mi corazón para que viera que rápido me latía, ella permaneció muda, mirándome, solo así frente a frente lo que sentía se hacia tan real como era, mis mariposas, mis emociones, todo subía de nivel tanto que daba vértigo-.

TE AMO!!!!

-Ana respondió-

TE AMO!!!!

-Nos besamos como dos quiciañeras, con pasión, con deseo, besaba tan bien como a mi me gustaba, todo esta resultando fácil, perfecto, era ella la chica que tanto tiempo había buscado y que por fin había encontrado.

Regresamos a la cocina, con una sonrisa de oreja a oreja, decidí dejarlas solas e irme con Juan al sofá, sirvieron la comida

Habían echo una ensalada, de noche era lo mejor que podíamos comer algo ligero-

Nos pusimos a comer, mientras decidíamos entre los cuatro que película poner, el salón de Ana tenia 2 sofás de 3 y 2 plazas de color beis, el salón era de parquet color marrón oscuro, fuera había un gran patio con una pequeña piscina de esas de plástico azul pequeña, lo suficiente para tumbarse 2 personas adultas, eso si cubría hasta por encima de de la rodilla, pero era lo suficientemente profunda para refrescarse en los días de la calurosa ciudad de Zaragoza.

La terraza estaba llena de jardineras con rosales, claveles, geranios, enredaderas, era todo de un colorido que iluminaba aquel gran patio, no era un patio de luces donde se ven los pisos de los demás, era mas bien como una terraza, allí también estaba la caseta de su perro Oliver, era un foxterrier, cada vez que alguien abrazaba a Ana el se ponía celoso, no porque la abrazaras si no porque el quería que le dieran mimos, así que se ponía a ladrar, y hasta que no le riñeras o le dieras mimos no paraba.

Allí estábamos los 4, parecía una cita de parejas, después de cenar pusieron Abre los Ojos, a mi la verdad, la película en aquel instante no me atraía demasiado, me llamaba mas la atención que Ana no paraba de acariciarme el brazo con sus pequeños dedos, se la paso la 30 min. que "vimos" de película así, mientras yo solo quería hablar con ella, aunque fuera en bajito, sus amigos al cabo de un tiempo se dieron cuenta de que había algo mas que una simple amistad, así que decidieron irse, dijeron "creo que sobramos nos vamos, portaros bien"

Se fueron y al fin nos quedamos solas, Ana viendo que la película no me interesaba mucho la apago, y se volvió al sofá conmigo, dejo de acariciarme el brazo, y pasó a besarme, eran besos cortos, besos secos estos pasaron a los besos calidos, y estos nos llevaron a que nuestras lenguas se entrelazaran. Ana me invito a que fuéramos a la cama, a la de sus padres, era una cama de matrimonio de 1,35, las sabanas eran blancas con margaritas estampadas, la almohada era cómoda allí me tumbe vestida como había ido a verla. Ana me pidió que me pusiera cómoda, así que cogí mi mochila y me fui directa al baño a cambiarme, mientras ella reía de que me fuera a esconder para cambiarme, mi regla tan inoportuna me duraba mas o menos de 5 a 7 días, así que de ninguna manera se me iba a ir esa noche, me puse un pantalón corto, me quite el sujetador, y me puse una camiseta de pijama de verano, con unos ositos, muy infantil pero a mi me encantaba.

Volví a la habitación, y le conté a Ana lo inoportuna de mi regla, y ella me dijo, "¿acaso creías que esta noche iba a pasar algo mas que unos besos?", yo le conteste que si que quería violarla, que me moría de ganas de hacer el amor con ella y ella me decía, "pues esta noche por lo visto no va a poder ser, demasiado precipitado y encima con un problema de por medio, te tienes que ir en unas horas mi amor". La bese con deseo mi cuerpo me pedía amarla, recorrer su cuerpo, allí tumbada ella se puso encima de la almohada de rodillas nuestras caras una miraba para arriba y otra para abajo, ella recorría con sus labios y su lengua húmeda mis labios, su saliva y la mía se entremezclaban, mi cuerpo registraba un montón de sensaciones, era como una montaña rusa desde relajación a una absoluta lujuria, la idolatraba, se paraba y me miraba, clavándome su mirada, ambas nos manteníamos calladas entregándonos, dejándonos llevar por los besos, pero sin traspasar la barrera de los cuerpos. Todo era perfecto, para mi era como si me besaran por primera vez, era la primera vez que la mujer de la que me había enamorado tocaba mi cuerpo, con caricias, me podían sus labios, me llevaban a la locura, era amor, realmente era amor, estaba realmente seducida por esa mujer, pasamos horas y horas sin parar de besarnos, ambas queríamos pasar a algo mas, pero Ana ponía las reglas y yo accedí a su juego, nos recreábamos en las caricias, creí que me iba a desmayar porque el deseo había crecido de manera monumental.

Ana decidió parar, rompió el silencio, rompió el sonido de nuestros besos, de nuestros suspiros y exclamo:-

Te amo Maggie, te amo como jamás ame a nadie -Ni si quiere me lo pensé, aquellas sensaciones que recorrían mi cuerpo ahora y antes de llegar todo lo que sentía era tan cierto, tan real como que allí estábamos juntas-

Pellízcame Ana, dime que es real, que estoy junto a ti, porque si es un sueño no me quiero despertar, estoy enamorada, te amo, te adoro, te quiero, no se como expresarte lo que siento porque las palabras no me son suficientes para expresar tantas cosas...tanto amor- No cabía en mi misma, no sabia como decir todo lo que mi cuerpo estaba experimentando cosas que jamás hubiera pensado que existían, ahora me daba cuenta que jamás en mi vida me había enamorado, era la primera vez, eran tantas sensaciones que daba vértigo.-

¿En que piensas mi amor?

En que da miedo el llegar a sentir tantas cosas por una persona, porque ¿y si no funciona?, pasare de estar completamente feliz, a deprimirme.

Pues no pensemos eso, yo también tengo miedo, pero hemos de ser optimistas saldrá bien

¿Sabes que hora es?

Si te tenemos que salir ya de casa, vamos andando hasta allí, así al menos ves algo de la ciudad, que no te he enseñado nada.

Si que me has enseñado, a la maña mas hermosa de toda Zaragoza, por cierto no te lo he dicho, pero besas estupendamente, hoy he percibido el sabor del amor.

Ves como eres especial, creo que ambas besamos de la misma forma, nos hemos compenetrado a la perfección, a mi me ha gustado pasarme la noche degustando la dulce miel de tu boca...mmm que rico.

Me lo he pasado genial, mi amor, ha sido la noche mas bonita de mi vida.

Pues esto solo es el principio, poco a poco mi amor veras como vendrá mas y mejores.

-Llegamos a la estación de autobuses, pero antes de entrar, Ana me pedía que me quedara, y yo quería quedarme, pero me matarían, quería perder ese autobús y dormirme en uno de sus besos, entre sus brazos...-

No quiero irme princesa

Y yo no quiero que te vayas, pero por ahora va a tener que ser así, estudia y aprueba todo y vente en semana santa.

Están pitando que se van, mi amor, tengo que subir

Regálame un beso antes de irte, que me dure hasta que nos volvamos a ver

La bese despacio con dulzura, y ella me correspondió con su gran ternura, me sentía viva cuando ella me besaba, subí a aquel autobús con destino a la Distancia... –

**Session Start, Mar 10 09:02:21 2003

Ana: buenos días mi vida

Maggie: buenas princesa

Ana: me voy corriendo a desayunar que no llego

Maggie: tamos fijando los exámenes, ok, luego hablamos

Maggie: amor ¡te amo, te amo, te amo, te amo, te amo, te amo!, te queda claro, si quieres te llamo y te lo digo

Ana: no que no quiero que te pillen, acabo de leer un email de Paqui

Maggie: umm, ¿y q dice?

Ana: llevo muchos días intentando hablarte pero no hay forma de localizarte, ¿te pasa algo estas bien? necesito saber de ti, si no quieres que te escriba ni k te de tokes, si no quieres saber d mi, solo dímelo y no te molestaré, pero por favor dime algo, no puedo estar así. Te quiero y por mas que lo intento no puedo olvidarte, no quiero que seas alguien pasajero en mi vida. Te quiero.

Maggie: ¿y tu q piensas?

Ana: me resulto muy extraño ver un email suyo diciéndome algo ella, nunca me manda ninguno

Maggie: ¿si pero q piensas de lo q te ha dicho?

Ana: en fin, no se, ahora tengo que irme, luego hablamos, un beso

Maggie: ¿como q no sabes? ¿Me matas? ¿Un beso, no sabes?

Ana: ¿como que te mato? a ver cielo me da igual lo que diga, solo me importas tu, pero me resulta extraño

Maggie: suspiro...

Ana: pensé que pasaba más de mí

Maggie: menos mal

Ana: no se

Maggie: te amo, ¿eso te importa?, q no pase de ti

Maggie: sois raras definitivamente, vaya que te gusto el e-mail, anda vete a desayunar q me toy rallando

Ana: ei ei eiiiii que yo no he dicho que me gustara el email ¡eh! solo que no la entiendo simplemente, no sabe lo que quiere, pero que yo paso ya ha jugado demasiado conmigo y no va a seguir haciéndolo, en fin...

Maggie: sabes lo q me acabas de decir, q te ha importado q te escribiera

Ana: ¿cuando te he dicho eso? te estas emparanoyando, y estas muy equivocada

Maggie: inseguridad, ahora que ha pasado tanto

Ana: a mi me da igual, ¿inseguridad?

Maggie: me da miedo q me dejes

Ana: eissssssss

Maggie: bueno

Ana: no pienso dejarte

Maggie: ve

Ana: por nada y por NADIE

Maggie: me alegro, me tranquilizas

Ana: pues que no se te olvide nunca, bueno, me voy

Maggie: ok, cuando vengas me das un toke

Ana: te amo, ta luego

Maggie: ta lueguin

—Ambas dejamos la sesión abierta, Ana se fue a desayunar a un bar en donde siempre quedaban con sus amigos, Juan, Lore y Noemí—

Ana: hola, ya tamos aquí

Maggie: hola, nena ¿q tal? te llamado pero na

Ana: lo apague porque me quedaba poca batería

Maggie: a ok, ¿q te han dicho?

Ana: me han dicho que me centre en lo que dije que me iba a centrar cuando volví de Tenerife, en mis estudios y mi gente, y que poco a poco y que si soy feliz y estoy bien, que se alegra, y que serán los primeros que estarán a mi lado para lo que sea

Maggie: ¿y Noemí, q tal?

Ana: esta aquí a mi lado estudiando ingles

Maggie: te voy a mandar una postal

Ana: te amo, ais...tengo ganas de llorar, es preciosa y yo también te extraño mucho

Ana: la verdad es que es conmovedora

Maggie: me encanta, te quiero muchísimo, ¿lo sabes?, dicen q me queda mu bien tu chaqueta, q estoy más juvenil, es q como viste soy mu clásica

Ana: si, ya me di cuenta, :-)

Maggie: ¿y te gusta?

Ana: ¿el que seas clásica? Para mi estabas guapísima el otro día

Maggie: tú luego te pusiste muy explosiva

Ana: ¿que yo me puse explosiva?

Maggie: súper explosiva, por eso te tuve q tirar a la cama de nuevo, ¿te he dicho q me encantas?

Ana: estoy estudiando pero tú sigue hablando, que yo puedo hacer las dos cosas

Maggie: te amo

Maggie: ya quiero volver a estar contigo cari

Ana: ufffff y yo mi vida

Maggie: ¿me voy contigo? se tenia q haber ido el autobús, sin mi

Ana: ....

Maggie: ¿eso...?

Maggie: rellena los puntos, una sensación me recorre el cuerpo, y no se como calmarla. ¿Puedes ayudarme?

Ana: pues que por una parte era lo que más deseaba pero por otra parte sabía que tenías que coger ese autobús

Maggie: me matarían, si no lo cogieran

Ana: si...........

Ana: no se como calmarla, cielo, porque yo tengo la misma sensación

Maggie: suspiro constantemente, tengo un nudo en el corazón y no paro de mirar tus cosas, no paro de recordarte en mi mente

Ana: le enseñe a Noe lo que me regalaste, le gusto mucho yo también tengo un nudo en el corazón y tampoco puedo dejar de pensar en ti, en tus abrazos, y besos

Maggie: juro por las patas de mi cama que aunque no parecen nada, me sujetan cuando duermo, que si hoy te quedas a mi lado subiré como una esclava por tu espalda y por tu pecho

Maggie: q corto se hizo todo, me toy rallando y poniendo de mal humor

Ana: eisssssssss, ¿y por que te estas rallando y poniendo de mal humor?

Maggie: porque quiero estar contigo, ¿a q hora te vas a currar?

Ana: pues saldré de casa a la 13 más o menos, yo también quiero estar contigo, pero no te ralles anda

Maggie: ¡quiero irme contigo!

Ana: ais...ojala pudieras venirte conmigo, pero ahora mismo no podemos.........

Maggie: cari me quiero ir a Zaragoza de nuevo, aunque sean otras 8 horas, mi felicidad a la vez es mi tristeza

Ana: aquí puedes venir cuando quieras cielo, pero no te ralles y no te hundas

Maggie: ¿hundirme? apenas

Ana: cielo... ¿estas mal?

Maggie: estoy mu triste, te amo

–Volví a caerme del Chat–.

Ana: toc toc

Maggie: hola, amor

Ana: mira, te pongo con Noe que esta aquí a mi lado y ya no esta estudiando, esta haciendo un descanso

Maggie: hola Noe, ¿q tal? me dio penina no verte el sábado

Ana: hola, yo me entere la última al día siguiente así que no pasa nada pero ando ya con ganas de conocerte, así que pa la próxima que vengas

Ana: cari, ¿sabes que Noe tiene unos ojos parecidos a los tuyos?

Maggie: mmm, ¿te mira mucho los ojos?

Ana: cuando hablo si suelo mirar a los ojos, además que teniendo los ojos que tenia el sábado delante como no mirarlos

Maggie: ¿q ojos miras?

Ana: los tuyos pedorrilla

Ana: bueno... es en lo primero que me fijo en las personas

Maggie: la Noe no habla mucho

Ana: dice que no te quiere coger cariño, Noe es más de las mías tiene miedo de que se vuelva a dar la misma historia de siempre, igual que yo

Maggie: ¿y pq no me quiere coger cariño?

Ana: por miedo a cogerlo y que luego se repita la historia de siempre

Maggie: esta vez tú sabes q es diferente

Ana: ei ei

Maggie: o no lo viste el sábado, si, si que lo vi

Ana: pero Noe no por ejemplo, vas a tener que convencerla y hacer que confíe

Maggie: pos no lo entiendo y eso me enfada ya, q yo no soy una capulla

Ana: nadie dice que seas una capulla, ¿te han hecho una pérdida no? te hizo una perdida Noe al movistar

Maggie: y esa perdida, dice que se guardo tu móvil porque algo se esperaba, ¿algo de q?

Ana: y sabia que antes o después lo usaría, algo entre tú y yo lo va a usar para estar en contacto contigo por si acaso

Maggie: ¿por si acaso que?

Ana: pues no se.........

Maggie: dile q se ponga

Ana: bueno ella tiene tú número y tu el suyo y ya ta

Ana: HOLA

Maggie: ¿q pasa conmigo a ver? dime ¿tu crees q yo voy a hacer daño a la persona más maravillosa del mundo? solo en el caso q estuviera muy loca lo haría y en ese caso no podría pq estaría en el manicomio, q como siga así iré pero por locura de amor por tu amiga

Ana: VALE VALE

Ana: creo que te va a costar ganártela cielo

Maggie: ¿Por qué?

Ana: la Noe me quiere mucho

Maggie: no me tengo q ganar a nadie

Ana: y no quiere verme pasarlo mal otra vez ¿pues no se yo, eh?

Ana: porque para mi es muy importante que estés BIEN con mi gente

Ana: SI LO DEL SABADO ME PARECE 1 PUNTO MUY IMPORTANTE Y

Ana: CREO Q HAS TENIDO MUXO VALOR

Maggie: ¿valor?, taba acojonada pero gracias a ella todo salio perfecto y soy la tía mas feliz del mundo, soy una loca graciosa, soy feliz cuando hablo con ella, cuando no mmm me da bajón

**Session Close

-Ana y Noe se pusieron a estudiar en serio, yo a la vez atendí en clase estábamos repasando cosas para los exámenes, así que nos despedimos sin más-

**Session Start, Mar 11 09:50:07 2003

Ana: hola mi vida

-Me llego un mensaje de Ana que ponía:

"Cada día que pasa mas enamorada estoy de ti, te extraño machismo no pienso en otra cosa que no sea en ti, y estoy deseando volver a besar tus labios. Te amo"

Maggie: hola, tu mensaje me ha dejado cara de tonta

Ana: ¿si?

Maggie: te amo

Ana: te amo

Maggie: ahora a las 10 voy al kiosco, a comprar y me vengo corriendo pa q sigamos hablando ¿vale?

Maggie: llámame, y dime q me amas quiero escucharlo

Ana: ¿a las 10 en punto? En 10 min. te llamo

Maggie: ok

-Pasaron 10 min., que parecían interminables, estaba fuera con mis compañeros de clase, Richie me decía "deja de mirar el teléfono, ya te llamará, lo escucharas sonar loca" mi móvil empezó a sonar "hola mi amor, Te amo" yo respondí Te amo yo mas infinito más uno siempre más que tú" ella reía, ambas reíamos, sonó la sirena de entrar, "te espero en el Messenger tontita" y colgó, su voz me derretía, era dulce, tierna quería poder que escucharla siempre sin cortes...-

Ana: hola guapísima

Maggie: hola princesa, ¿q te cuentas amor?

Ana: te amo, te amo

Maggie: te amo PUES, ese maño q tengo ya

Ana: Sabes te amo y me muero por verte

Maggie: dice Pedro que doy muy buenos masajes, tú tendrás todos los días de mi vida, de nuestras vidas juntas un masaje, al menos por día, si te gusta

Ana: sisisi, pero no se yo si me vas a dar un masaje cada día, que al principio todo se coge con ganas pero luego lo dejaras de hacer por pereza, iras pasando...

Maggie: nos ha dado el tío un ejercicio de 11 hojas, se ha pasado 11 pueblos

Ana: pues ya sabes lo que te toca

Maggie: no toca nada

Ana: ¿como que no toca nada? ¿no lo vas a hacer?

Maggie: paso, totalmente

Ana: si lo ha puesto tienes que hacerlo

Maggie: pero

Ana: pero nada, lo haces y punto

Maggie: te tas poniendo mandataria

Ana: no, pero es que no me gusta que te tomes las cosas así como te las tomas, las cosas importantes te las tomas a la torera, aparentando que no te importa nada y eso no me gusta

Maggie: bueno, vale perdone usted

Ana: no tienes que pedir perdón

Maggie: nena, me tienes loquita

Ana: te amo

Maggie: ¿q me amas? ¿Y eso porque?

Ana: pues no se dímelo tú, dime lo que me has hecho

Maggie: no se, mmm, te bese, acaricie, te hable y hablo solo eso

Ana: ¡-), te amo por todo eso y por más

Maggie: ¿porque cosas más?

Ana: por ser como eres, y por hacerme ser como soy cuando estoy contigo, por hacerme sentir lo que siento cuando me abrazas, besas...por darme lo que necesito, por todo

Maggie: mmm, me encantas, eres maravillosa, eres increíblemente hermosa, eres todo para mi, mi infinito, mi firmamento, mi universo, mi mundo

Ana: te amo

Maggie: te amo

Maggie: GUAPA

Ana: tu si que eres guapa, eres preciosa, mmm ...lo siento si no te gusta como queda pero ESTAS BUENISIMA

Maggie: tú si que estas buena, esos pechos

Ana: noooooooo

Maggie: esos labios, esos piercing, este disculpa la indiscreción ese chochito todo, q calor

Ana: ais.........., te amo cielo, te amoooooooooooooooooooo

Ana: te amo te amo te amo te amo te amo te amo te amo te amo te amo te amo

Maggie: estas muy efusiva, tampoco me dices tanto eso, ¿porque he dicho eso?

Ana: ¿y según tu por que me he puesto tan efusiva?

Maggie: no se

Ana: no digas que no se

Maggie: dímelo tu amor mío

Ana: que no se lo que dijiste ahí arriba, pues porque te amo, no necesito que me digas nada o que pase nada para que me de el pronto y me ponga así de efusiva

Maggie: ¿a que sabe el chochete de una mujer?

Ana: yo nunca me he parado a pensar si era dulce o salado la verdad

Maggie: ¿y a q sabe?

Ana: no lo se, no se decirte a que sabe, pues porque nunca me he parado a pensar a que sabe, ya me lo dirás tú

Maggie: hace una semana jamás te hubiera preguntado esto

Ana: lo se

Maggie: deseo decírtelo

Ana: y yo cielo deseo que lo averigües por ti misma

Maggie: yo deseo con locura averiguarlo.... esto no puede ser me matas

Ana: ¿el que yo?

Maggie: si, me dices esas cosas y me haces pensar, y el pensamiento hace que.......

Ana: ¿en que piensas?

Maggie: y entonces pienso y como no puedo pues... y digo dios q ganas le tengo, todo esto es porque te deseo

Ana: yo también te deseo, cari me ha llegado el teléfono son cerca de 100000 pelas..........

Maggie: madre mía, es mucho dinero, perdóname

Ana: en fin... no me pidas perdón ambas sabíamos lo que me estaba gastando, lo peor será cuando mi madre se entere porque estamos las dos en la misma cartilla

Maggie: me siento fatal, no se que decirte

Ana: no tienes que decir nada

Ana: no te preocupes anda........

Maggie: eso es imposible mi amor

Ana: ¿luego hablamos vale? te amo

Maggie: vale, lo siento, te amo

Ana: no tienes que disculparte

Maggie: hasta luego :-(

Ana: no me pongas esa cara anda

Maggie::'-(,tengo ganas de llorar

Ana: no, de eso nada además ya esta pagado, me he quedado sin un duro este mes pero ya esta pagado

Maggie: ¿así q sigue en pie lo de Abril q vengas o q yo vaya?

Ana: si no puedo ir este mes que no creo intentare ir en abril y me gustaría que vinieras tú en semana santa

Maggie: eso yo te digo q lo intentare

Ana: luego hablamos

Ana: te amo

Maggie: y lo siento muchiiiiiiisimo

Ana: olvídalo, me agobio solo de pensarlo así que no hablemos del tema

Maggie: aunque sea malo decir esto, espero que pienses q mereció la pena

Ana: claro que me mereció la pena, son las 100000 pelas mejor gastadas en mi vida

Maggie: pero quiero q sepas que algún día de alguna manera u otra te recompensare

Ana: estudia mucho y encuentra un curro en condiciones que te paguen bien y ya

Maggie: vale lo haré

Ana: vamos a acostumbrarnos a que cuando nos despedimos colgamos porque desde que decimos hasta luego hasta que nos vamos, pasa otro cuarto de hora

Maggie: y lo siento

Ana: no lo sientas e intenta hacerlo a partir de ahora, ta luego

Maggie: q te aproveche y espero q te sea leve el curro, me encantaría cuidarte y darte todo mi calor para q se te pase el dolor de riñones de tu regla

Ana: Maggie yaaaaaaaaaaaaaaaa me voy que no llego y tengo que comer aún

Maggie: perdona, te amo

Ana: ais....................te voy a dar tía

Maggie: lo siento

Ana: uffffff, me voy

Maggie: te amo

Ana: te amo, ta luego

Maggie: ta luego

**Session Close

Segundo encuentro

-Podríamos seguir así días y días, conversando de hecho lo hacíamos cada mañana yo llegaba a casa me ponía a estudiar, cada vez discutía más con mi padre, y la situación en mi casa se hacia cada vez mas insostenible, no lo aguantaba más, Ana decidió venir a finales de Marzo a verme a Granada para ver si así podía tranquilizarme...

Nacho (mi hermano) e Isa (mi cuñada) que ya sabían la historia, se hicieron mis cómplices. Para poder pasar la noche con Ana, les dije a mis padres que me quedaba en casa de mi hermano y cuñada a dormir, Nacho e Isa vinieron a Comer a mi casa para luego irnos a recoger a Ana en la estación de autobuses, ella llegaba en la tarde... De camino a la estación como ya se acercaba la boda de mi hermano, Isa se paro en el Corte Ingles a comprarse una Orquilla para la mantilla de su vestido de novia, era preciosa, tenia como piedrecitas blancas, que parecían brillantes, resplandecían cuando la luz del sol se reflejaba en ellas, ya casi llegábamos tarde a la hora de llegada del autobús, yo estaba impaciente por verla... e imagino que ella también.

Me baje del coche en cuanto lleguemos y me fui directa a la pantalla de llegadas para ver en que anden se paraba el autobús, me quede mirando y no se si estaba ciega pero no veía nada de nada de pronto una chica me chisto y me toco en el hombro, era ella, ya estaba conmigo de nuevo, la bese, la abrace.-

Llego tarde, lo siento pero Isa se entretuvo comprando una cosa -me puso un dedo en la boca haciéndome callar-

Acabo de llegar, así que nada de disculpas

Me moría por verte, pero vamos para el coche que nos están esperando mi hermano e Isa

Presentaciones familiares, no me lo puedo creer, que nervios pues

-Ya en el coche le presente a mis encubridores, que solo con verme la cara de felicidad, la de ambas se quedaron satisfechos, así que mi hermano empezó a conducir mientras Isa le enseñaba a Ana su peineta para el traje de bodas, a Ana le pareció de lo mas bonito, aunque yo pensaba que el brillo de los ojos de mi niña eran mas hermosos que cualquier cosa de esta vida, me cogió de la mano en el trayecto que tenia como parada el amor.. Mi hermano nos dejo en el Ayuntamiento-

Ya solas cariño, ahora solo tenemos que encontrar el hostal La Perla

¿No sabes donde queda?

Si esta cerca, pero es que mi sentido de la orientación esta un poco aturdido

-Al cabo de varias vueltas para arriba y abajo del ayuntamiento lo encontramos, estaba cubierto ya que estaban arreglando la fachada por eso no terminaba de verlo, me acerque a recepción di mi DNI, y pedí la cama de matrimonio, la recepcionista me dio las llaves, yo pague, si por fin pague algo...Subimos a la habitación, yo me puse a dar vueltas colocando todo lo que había llevado, entre ellas el regalo mas especial que tenia, y que quería compartir con ella, para mi era de gran importancia, ella se dio cuenta del que no me paraba de mover era signo de nerviosismo-.

Te vas a sentar aquí a mi lado, no muerdo...y no voy a hacerte nada que tú no quieras

-Si que quería que me hiciera de todo pero estaba muy nerviosa, era la primera vez que se suponía que iba a hacer el amor con ella, con una mujer, todo era nuevo para mi, solo sabía que me tenía que dejar llevar ¿pero como? si mis nervios me podían. Ana estaba sentada en el filo de la cama, yo me senté a su lado-

Perdona no sabia como era este hostal pero la verdad deja mucho que desear

-Las paredes eran de un blanco amarillento y tenían grietas, el baño que se encontraba dentro de la habitación lo separaba el marco que lo cubría y la puerta era inexistente, tenia puesto un trozo de tela que hacia de ella...-

Jajaja, sonrío, bueno no esta mal, tenemos lo necesario, una cama, además cualquier sitio donde estemos juntas será perfecto al menos yo lo veo así.- Yo también lo veía así pero no se algo mas bonito hubiera sido mejor, pero no había dinero para mas, ya que si huyera sido así no habría tenido dudas la hubiera llevado al Palace*-

La verdad si lo piensas así es perfecto, pero me hubiera gustado llevarte algún sitio algo más glamuroso

-La habitación también disponía de un armario empotrado, me levante de la cama porque ella necesitaba ir al servicio (wc) y me metí dentro del armario, cuando Ana salio del baño, abrí el armario dándole un susto, y dije "He salido del armario" Ella se reía a carcajada limpia-

Mira que cosas se te ocurren, bueno vuelve a la cama conmigo, te he traído un regalo- Yo también había llevado uno, jejeje...Me llevo un colgante con su cadenita de plata, el colgante eran dos delfines como saltando juntos, creo que los delfines son los animales que simbolizan la amistad, así que se lo dije-

Cari esto simboliza la amistad, y yo amistad contigo no quiero, quiero mas

Simbolizaran lo que tu quieras, pero estas equivocada, simbolizan que una relación de amor sea estable y sana ya que están juntos, además me encantan, y por eso lo he comprado, me encantaría algún dia porder nadar junto a ellos, es mi sueño...

Me encantaria poder ayudarte a realizar ese sueño, te amo mi vida, y gracias- Normalmente cuando te regalan algo se dan dos besos en la cara, y fuí a dárselos, pero ella me cogió y me lo dio en la boca-

Nada de gracias, lo hice porque me apetecía

Bueno pues me toca a mí, el mío era más difícil de esconder

Me muero por verlo ya que veo que es un bulto muy grande

Lo saque, toma mi amor, es mi osito de peluche lo tengo desde los 5 años -Mi osito con el cual había dormido desde los 5 añitos, estaba bien conservado, era de color naranja menos el hocico que lo tenia blanco y los ojos marrones, no es como los ositos actuales, además era especial lo mas especial que tenia yo y que además fuera mío-

Cari no puedo aceptarlo, es demasiado, es algo muy especial para ti

No te lo regalo, te lo presto, es para que tengas algo mío y cuando me extrañes lo abraces. Eso si te pido encarecidamente que lo cuides, que el perro no lo vaya a coger y me lo rompa es muy especial para mí, ¿te harás cargo?

Por eso no te preocupes lo guardare y dormiré con él todas las noches, eres muy especial jamás nadie me había regalado algo tan importante, gracias mi amor, si es que es normal que este tan enamorada de ti cielo, si es que eres de lo que no hay, eso si lo tienes que impregnar de tu perfume antes de irme, así olerá a ti, ¡me encanta tu perfume!

-Si es que esta claro, estamos hechas la una para la otra, será todo súper cursi pero es que es especial.

Allí estábamos las dos frente a frente, empezamos a besarnos, nos iniciamos en una lucha de besos, poco a poco, casi sin darme cuenta, Ana se encontraba encima mía, sin parar de acariciarme, mi libido empezaba a subir, sucumbiendo a los mas íntimos deseos, yo solo quería desnudarla, amarla, dejarme llevar, quería hacerle el amor, hacer todo lo que en mis sueños imaginaba, hubo una pausa ella me miro a los ojos y vio mi deseo, y me dijo:-

Tengo hambre, me llevas a cenar -Como que a cenar, me moría de ganas, me había puesto caliente, me había estado buscando para decirme de ir a comer, no cabía en mi asombro-

-exclame- ¡Ahora quieres cenar! Pero si estamos súper a gusto aquí en la cama

Maggi lo bueno se hace esperar, porque no me llevas a cenar, vamos al Pub de ambiente, salimos a pasear, y luego volvemos... -No me lo podía creer lo decía en serio, yo creía que se moría de ganas hacer el amor...no que tuviera hambre, yo tenia hambre pero de ella-

Bueno vale, ¿donde quieres ir? Tenía pensado llevarte algún restaurante

No, No, No nada caro, si recuerdo bien por aquí hay un MC Donald, comemos una hamburguesa y nos vamos al Pub dando un paseo.- Yo jamás había pisado un MC Donald, jamás había comido en uno de esos sitios, no sabia ni que pedir, Ana se puso a cambiarse de ropa, se estaba poniendo unos pantalones negros de vestir y un jersey de encaje guapísimo, esta guapísima, realmente estaba monísima.-

Estas guapísima mi amor, y yo estoy más caliente que la pipa de un indio, ¿en serio me vas a dejar así?

Pues me parece que vas a tener que esperar un rato, ya veras lo pasaremos bien.

-Así que cumpliendo los deseos de mi preciosa princesa, llegamos al MC Donald sin ningún altercado, ella pidió por las dos, estaba lleno de gente, en especial me llamo la atención una chica un tanto extraña, llevaba unas medias puestas en las manos, con agujeritos para los dedos, yo no es que saliera demasiado, creo que por eso me sorprendió, le dije a Ana sobre la chica y me dijo que era gótica, me explico más o menos que era gente que vestía de negro normalmente.

Nos dispusimos a cenar, la hamburguesa era de pollo estaba muy rica la verdad, es que me esperaba que no me gustaría, no era lo que yo estaba acostumbrada a comer, pero estaba deliciosa, así como las patatas delux con una salsa verdaderamente sabrosa. Al terminar nuestra maravillosa y exquisita cena, la lleve hasta el Pub, por supuesto me perdí, le hice un recorrido turístico por las calles de Granada, recorrimos las calle donde la gente compra la ropa. El Zacatin, la catedral, y al final por fin me tropecé con la Universidad de Derecho que estaba cerca del Pub de ambiente, conseguí centrarme, al final llegamos... por fin... Era demasiado temprano así que pedimos unas coca colas, ninguna de nosotras bebíamos, cuando Ana termino su coca cola y yo la mía, me chafo contra la pared y empezó a besarme sin parar, al rato aquello empezó a llenarse de gente, recuerdo muy bien que pusieron la de Marc Anthony "Si te tengo aquí" me gustaba su forma de bailar, de moverse y ver como me cantaba, no paraba de buscarme la boca y a mi me volvía loca. Luego la canción de Tony Santos "Un hombre así", Ana me la cantaba como pidiéndome que la llevara al hostal ya, pasamos a la acción me decía...es hora de la verdad...La verdad es que me lo pase genial junto a ella.

Me encontré con mis amigas, Lola, Leire, Lisa y otras más que conocía a Ana, mi princesa había estado viviendo allí y por lo visto mis amigas y ella ya se conocía, por alguna extraña razón ella salía cuando vivía en Granada, con el mismo grupo de amigas, el destino no se, pero la verdad todo se tornaba como un circulo conocíamos a la misma gente, y nos encontramos en un Chat, no en Granada cuando ella vivía aquí por lo visto yo acaba de ir a vivir a Granada, empecé a salir con Fran, así que casi era imposible. Por lo visto Ana lo había pasado bastante mal cuando vivió aquí y decidió que lo mejor era que volviéramos al hostal, no le apetecía estar con más gente que no fuera conmigo.

Salimos de paseo para el hostal y de camino compramos una botella de litro y medio de agua, pasamos por la plaza Bibarambla y me encontré a un colega del instituto que iba disfrazado de drácula, estaban jugando a un juego de rol, la gente de verdad era muy extraña.

Continuamos nuestro camino, Ana ya se había quedado con la vuelta al hostal, así que no tardamos mucho en llegar, hacia algo de frío, así que fuimos agarradas lo más cerca posible para estar más calentitas, aunque yo tenía calor desde que salimos del hostal. Paseábamos por aquellas calles con tranquilidad sin prisa pero sin pausas yo me moría por llegar y hacer todos mis sueños realidad junto a ella, subimos por las escaleras del hostal de la mano. Abrió la puerta y me metió dentro de la habitación con ímpetu, cerró y empezó de nuevo sus besos, estos iban con prisas como si se acabara el mundo esa misma noche, los míos le seguían con pasión, no parábamos de besarnos.

Ana me tomo de la mano y me guió hasta la cama, nos miramos por un par de minutos, las dos sabíamos que todo estaba concedido esa noche en la que nos íbamos a entregar la una a la otra, la primera vez en mi vida, la primera primera vez juntas, me sentó cuidadosamente en la cama, solo nos mirábamos, me acarician con ternura la mejilla, dulcemente cerré mis ojos y suspire...-

Maggie déjate llevar por mi, te prometo que te haré la mujer mas feliz del mundo

Ya lo soy estando a tu lado mi vida, soy enteramente tuya haz lo que quieras conmigo mi vida

-Ya se había hecho la noche, era la segunda vez que íbamos a estar en intimidad juntas, la verdad que al igual que lo intuía sabia que iba ser una noche muy especial, especial porque iba a descubrir por fin como era sentir en plenitud el amor, amar a la persona que amas es lo mas bonito que existe.

Sus manos comenzaban a actuar, yo sabia que era la noche exacta y lo que iba a suceder, me inundaba la pasión por verla desnuda por desnudarla. Empecé a quitarle la ropa suavemente mientras recorría con mis labios y mi lengua su cuello, notaba que ella al notar mi aliento en su oreja le hacia estremecer, ambas no podíamos más, ella comenzó a quitarme la ropa.

Estábamos ya en la cama desnudas, Ana empezó a bajar por mi cuello, a chupar mis senos, y las cosquillas eran ahora de piel, me hacia muchas cosquillas, rozaba mi piel con ternura, me volvía loca por ella, pero no podía parar de reírme por ese hormigueo inusual que provocaban sus caricias-

Esto no es serio déjate de reír

Mi amor me haces muchas cosquillas, pero te adoro

Ayyyy cuanto me vas a costar de educar

Jamás nadie me había acariciado ni tanto, y menos por tantas partes

-me recorría mi vientre con su lengua pensé ayyy dios no puedo más, me empezó a entrar la vergüenza y la agarre para subirla otra vez a mis labios, ella me miro preocupada-

¿Que te pasa no quieres?

Si que quiero pero me muero de la vergüenza

No se prefieres que hablemos un rato

No para nada

-La calle con un beso apasionado y empecé a deslizarme por su cuerpo, baje por su cuello llegando hasta sus lindos pechos, agarrándola por la cintura, empecé acariciando su vientre con mi lengua, le abrí las piernas y llegue hasta el volcán de su deseo, notaba sus gemidos, mas que gemidos chillaba, y yo estaba muy sorprendida, empecé a chupar todo su sexo, ella estaba muy húmeda, y cada vez que más le presionaba más gritaba, tanto grito que en una de las veces entendí que le faltaba poquito para llegar al éxtasis al punto máximo de su sexualidad, introduje uno de mis dedos en su vagina despacio para no hacerle daño, ardía por dentro, en ese momento no pudo más, no paraba de removerse, llego el momento de dar el último aliento para mi hermosa princesa, poco a poco paro de moverse y me subió para besarme, "mi amor, me va a dar un infarto si sigues", bebí un trago de agua mientras Ana me miraba perpleja, le sonreí y volví a bajar, empezó de nuevo el vaivén de sus movimientos, mientras yo la seguía como si de una coreografía se tratara, empecé a penetrarla con mi lengua, y su agitación empezó a ser mas fuerte, de nuevo sus gemidos era increíbles, yo estaba alucinando como gritaba pero eso me excitaba aun más, saque las sabanas de encima de nosotras y la deje completamente al aire nuestros cuerpos desnudos en la penumbra, volví a dar otro gran trago de agua y al ataque, Ana no paraba de gemir, de moverse y volví a hacer lo mismo que la anterior vez, me levanto y sin más me beso apasionadamente, agradecida-

Alá y ya van 3 esto es un record, todas mis ex, al llegar al primero se paraba

¿Si quieres sigo?- dije con deseo-

No porque no puedo más, además no crees que va a siendo hora de que la novata se le quite la tontería, porque menos mal que eras novata...

-Yo ya no tenia miedos, supe que estaba preparada para entregarme al amor, a mi princesa, había pasión, mucha pasión, el mundo desapareció, todo lo que me preocupa desapareció solo estábamos ella y yo en aquella habitación. Empecé a notar que nuestros corazones compartían el mismo amor, ahora sabía que ya le pertenecía, que desde aquel momento jamás me olvidaría de aquella chica, que ya no había escapatoria, y tampoco quería huir, no esta vez...

Ana empezó a besarme el cuello, yo solo podía gemir nunca lo había hecho, yo en la cama era la mujer mas callada, pero al escucharla a ella anteriormente me solté, empecé de verdad a disfrutar de sus caricias, del sexo con amor, sabía que tenia que hacer perfectamente para hacerme llegar al cielo con caricias, yo a pesar de que me dejaba hacer, de que ella era perfecta, no se si fueron mis nervios pero no podía llegar, se metió ese pensamiento en la cabeza, yo no era una mujer de fingir, así que al darme cuenta de que no podía, la volvía a levantar, ella con preocupación me dijo

¿Que te esta pasando no te gusta lo que te hago?, dime que necesitas.

Mi amor no me pasa nada es perfecto lo que haces, pero creo que estoy muy nerviosa, y no puedo, y no quiero que estés toda la noche ahí, prefiero abrazarte sentir tu piel desnuda junto a la mía, tengo todo lo que tengo que tener para ser feliz esta noche, te tengo a ti en mis brazos. –ella sonrío y me abrazo–

Lo siento si no se hacerte sentir placer

Mi amor no digas eso, claro que he sentido placer, pero no tiene porque ser todo llegar a correrse hablando claramente, hoy me ha pasado lo mas bonito que me podía pasar y aunque me pase toda la noche súper caliente, jajaja, me da igual siempre que me dejes notar el calor de tu piel junto a la mía, es perfecto, es súper romántico... lo malo es que tengo mucha sed no se que me pasa.

Toma el agua anda, que te has bebido casi toda, eres muy graciosa.

Por si nos dormimos quiero que sepas que ha sido la noche mas especial de toda mi vida, yo jamás había gemido, y bueno nunca me había pasado lo que me esta pasando contigo. Haciéndote el amor, me has dejado sorprendida mientras gritabas me has excitado mucho, y eso de que han sido tres, yo como mucho es uno normalmente

Maggie pues hoy me he superado que no he conseguido ni hacerte sentir ni ese uno.

En serio estoy mejor así, no te empeñes, cuando tenga que pasar, pasara mi amor. Eres preciosa.

Tu eres preciosa, menudo cuerpazo tienes

-Poco a poco el cansancio nos pudo y nos empezamos a quedar dormidas, yo empecé a pensar que amarla como la amo, sentirla así cerquita, besarla, notar como se le pone la piel de gallina cuando la toco, cuando la acaricio no se puede explicar, simplemente se que cuando la acaricio y ella me mira con cara de amarme, mi ojos se iluminan y me sube al cielo, nuestras miradas son cómplices de el deseo que nos provocaba el simple roce de nuestra piel, solo el percibir su perfume me vuelve loca el perfume de su piel, su piel dorada sus piernas, su cuerpo, sus manos entrelazadas a las mías, quiero que el reloj se pare en este momento no quiero volver a perderte, no quiero volver a las llamadas, solo quiero estar contigo, hablar contigo, no parar de acariciarte. Cuando cerro los ojos y comenzó a dormirse me la pase observando todo su cuerpo en el absoluto reposo, y veía con la dulzura que dormías plácida y tranquilamente. Me gustaría meterme en ese sueño que tienes y que notes cuanto te amo...volver a hacerte el amor como había pasado apenas una hora, poco a poco me voy durmiendo abrazada a ti, pero me resisto a caer en profundo sueño, porque se que al despertar tendrás que volver a partir e irte a tu casa, pero yo me quiero ir contigo, no aguanto esta separación cuando se que te amo, cuando lo único que pienso ya en mi vida es estar contigo y amarte por el resto de la eternidad, tengo miedo de amarte así desesperadamente.

-El sol entraba por aquella ventana, y nos descubría a las dos desnudas, entrelazados nuestros cuerpos, poco a poco fuimos abriendo los ojos.-

Perezosa despierta, que ya amaneció y me tengo que regresar a Zaragoza

Nooooo, 5 minutos más, así abrazadas, no te vayas mi amor, no te vayas

No quiero irme mi vida, lo que mas deseo es pasar el resto de la vida así contigo

Me voy a dar una ducha, vete vistiéndote

-Se escuchaba el chorro de la ducha, ella estaba allí desnuda debajo del agua pensé, seria sensual que entrara y le hiciera el amor, pero dada mi vergüenza, me aseare un poco aquí en el lavabo y me vestiré, quedaba hora y media para que se fuera su autobús, así que o nos dábamos prisa o lo iba a perder y se iba a ir sin desayunar... no estaba muy lejos para ir andando, de aquella todo me parecía cerca, termino de ducharse, se vistió, cogió su mochila y mi oso en brazos, y pillamos el bus de línea que iba hacia la estación de autobús, ella iba renegando porque aquella noche no me había hecho sentir nada, eso decía ella, y no podía hacerle entender que había sentido más de lo que ella podía imaginar, había sentido su amor, y eso era lo más importante le decía...

Llegamos a la estación y desayunamos juntas, al terminar fuimos a su anden donde ya estaba el autobús, me beso con ternura y me dijo no vas a querer volver a estar conmigo después de no hacerte sentir nada, -y dale con el tema, le conteste- que se llevaba mi oso, y que no se iba a librar de mi tan fácil, porque estaba locamente enamorada de ella...- se subió al autobús, y el chofer encendió el motor, Ana comenzó a llorar como una niña pequeña abrazada a mi osito de peluche y el autobús empezó a echar marcha atrás para salir del anden y llevarse a mi amor a su casa, tan lejos de mi. Ella me mando un beso desde lejos... y se fue....el autobús poco a poco se alejaba, y se me hizo un nudo en la garganta, comencé a llorar sin parar, me dirigí de nuevo a la parada del autobús y cogí la línea que enlazaba con la de mi casa, y me fui yo también.-

Pasábamos los días hablando por el Chat, haciendo planes, Ana me decía que fuera en semana santa a verla, 4 días juntas, las 24 horas del día, que sería la prueba de fuego, que sus padres se iban a los pirineos el Jueves en la mañana, así que yo iría el miércoles en la noche, y nos quedaríamos juntas y solas ideal decía ella...

Así que me invente que como ya habíamos terminado las clases y empezábamos con las prácticas en empresa, íbamos a hacer un viaje de fin de curso, mi padre convencido y con ayuda de mi madre me dejo ir, a Jaén... aunque en realidad me iba a Zaragoza. En medio de esos días antes de irme a Zaragoza, esa semana tuve una visita inesperada.

Tontamente Confundida

-Estaba delante de mi ordenador preparando el proyecto de fin de curso, y mi hermano entro a la habitación, me dijo que tenia una visita...

Me dirigí al salón y allí estaba él después de 5 meses, después de haberse acostado con una de mis amigas, después de todo aquello, después de nuestra despedida, se aparece en mi casa como si nada hubiera pasado, ¿para que? ¿Para confundirme?, allí estaba Fran, sentado en el sofá de mi casa como si nada.

Hola Maggie, ¿como estas?

-Le mire de mala gana, con la peor mirada de odio que tengo, mi enfado se veía a leguas-

Ven a mi habitación anda -le dije con decisión, pensando para mis adentros ¿y ahora que?, para encima mis padres se habían enterado que Fran estaba en casa, el perfecto novio para su hija. De hecho cada vez que veían durante estos 5 meses que si no era Fran que si simple venia un chico a casa por ejemplo, si venia Richie a casa, también les parecía el hombre perfecto, si tenia cola era suficiente, suficiente con que fuera un hombre, ellos eran felices.-

¿A que has venido Fran?

Pues no se, a verte, ver como te iba -Después de 5 meses ahora se pregunta como estoy no me lo podía creer, después de tanto tiempo....A la vez me inundaban muchas emociones, si estaba enamorada, feliz... pero ¿cual era el camino mas fácil Maggie? El camino fácil lo tenia delante, tirarme a sus brazos de nuevo, olvidarme de todo lo que sentía y que mis padres fueran felices, que todo volviera a ser normal, que dejaran de armármela por mis salidas con mis amigas o por cualquier otra circunstancia, mi padre sabia que mis nuevas amigas eran del ambiente, y se olía que andaba con alguna chica, por las llamadas constantes de Ana.-

Me va genial, tengo una novia preciosa que me ama y me hace feliz ¿y tú?

Pues yo llegue a la conclusión que no era el camino adecuado, que por despecho me acostara con tu amiga, y así no hacia que hacerme daño a mi, pensaba que te odiaba, me decía que Maggie es esto , lo otro y llego el momento en que me di cuenta de que no tenia nada contra a ti, se me han terminado las excusas para no verte, de hecho ya no podía ni acostarme con Imma -Al escuchar Imma una puñalada sacudió mi corazón, me dolió escuchar de su boca lo que yo ya sabia, lo que durante 5 meses me había estado matando, el saber me dolía, lo que Ana había acallado con sus besos, con su amor, pero sentí celos, celos de Imma. En este momento un espíritu maligno me tenía ahogada en odio, esos malditos celos, los mismos que me llevaron a la destrucción.

-Al rato de hablar Fran se fue a su casa, sin más se fue, me dijo que otro día vendría y volvería preguntarme lo que hacia 1 minuto había hecho dudar de mi amor por Ana-

Olvidemos todos los malos rollos, y vuelve conmigo -se que no es excusa pero le dije que tenía que pensarlo, ¿pensar el que? por dios estaba enamorada de Ana. Pero algo me decía a Fran también lo quieres, tienes que decidirte por uno.-

No lo se, estoy muy bien con Ana, lo tengo que pensar

-En la noche me llamo Ana y le conté todo lo sucedido, Ana se puso a llorar al darse cuenta de que tenía dudas, la madre de Ana, se puso al teléfono y yo le explique que con ese chico llevaba 5 años y que era mucho tiempo que no tenía claro lo que sentía por él. La madre de Ana me dijo que con su hija solo llevaba un mes, que entendía perfectamente que dejara a su hija por un noviazgo tan largo, y que valía mas que lo hiciera ahora que no después de más tiempo.

Ana volvió a coger el teléfono –

¿Vas a venir en Semana Santa o no?

No lo se Ana, estoy muy confundida le dije llorando, te amo de eso estoy segura

Pero no se que siento por él

Ven y si cuando estés conmigo no sientes nada, te acuerdas de él, lo dejas conmigo pero ven necesito que hablemos

Yo necesito estar contigo también, no paran de presionarme para que vuelva con él, y yo ya no se que hacer mi amor

Tienes que luchar por lo que ames, sea él o sea yo, siempre has de luchar y yo voy a luchar por ti, no lo va a tener tan fácil ni se va a quedar con el camino libre

Te prometo que en Semana Santa haré lo que este en mi mano para estar a tu lado.

¿Lo prometes?

Lo prometo

–En aquel momento mi padre abrió la puerta y colgué, me pillo, no hacia nada mas que decirme, ves que viene Fran a buscarte, a que vuelvas con él y tú a que te dedicas a hablar con esa zorra, como no dejes de hablar con ella no te vas ni de fin de curso ni de nada...–

–Desde aquel momento empecé a llamarla cuando iba a practicas de empresa en las mañanas, y volvía jadeando por la cuesta de mi casa... a la empresa ya no me llevaban, cogía el autobús y volvía en el mismo, la parada de autobús hasta mi casa estaba bastante lejos y la cuesta que llevaba a mi casa era mortal, siempre que subía la cuesta e iba hablando con Ana, ella me decía que le encantaba hablar conmigo subiendo la cuesta, porque parecía que estuviera gimiendo y que le excitaba mi respiración agitada... Al llegar le decía te amo y me despedía colgando el teléfono para que mis padres no se dieran cuenta.

Fran frecuentaba ahora mi casa, más a menudo, le conté que pensaba ir a Zaragoza en Semana Santa engañando a mis padres, y que una vez yendo me daría cuenta de lo que sentía por uno de los dos, tomaría una decisión, porque mi vida era un sin vivir desde que él volvió a mi vida. No sabía ni que quería ni quien era, me la pasaba el día llorando, era horrible, creo que caí en una terrible depresión.....

Semana Santa

Fran decidió recogerme en mi casa para llevarme a la estación de autobuses y que mis padres no sospecharan, por eso a veces pienso que de bueno era tonto... No tenía lo que yo necesitaba que me metiera un poquito de caña para que viera que corría sangre por sus venas. Me dijo que vendría a recogerme, según llego me dejo allí y se fue, robándome un beso de los labios...que como no, le correspondí.

Al rato de estar sentada, se persono por allí mi hermano Nacho, me aviso de que mi padre no las tenia todas con sigo y que iba a ir a la estación para comprobar si me iba de viaje de fin de curso, sin embargo yo le había dicho a mi padre que nos recogía un autobús en la otra punta de Granada, pero por lo visto no se creyó ni que Fran me llevara ni nada... Mi hermano me recomendó que me subiera al autobús cuanto antes y me escondiera por si acaso, aunque solo parecía una amenaza.

Por fin el autobús arranco, dio marcha atrás y empezamos a salir de Granada, al salir vi el coche de mi padre aparcado fuera o eso parecía, me acojone bastante porque si me había visto ya sabia a donde me iba.. Y cuando regresara me mataría, fui con ese pensamiento a Zaragoza, con la ilusión de ver a Ana y con el beso de Fran en mis labios, tenía un cacao mental impresionante.

Al fin llegue a Zaragoza, allí estaba Ana con sus amigos esperando para recogerme al verme me dio un abrazo y un profundo beso en los labios... me sabio a gloria, volvieron mis cosquillas, volvió junto a ella el manantial de emociones y sensaciones... Allí en ese momento sabia que sentía estaba totalmente enamorada de ella....le llevaba una rosa y dentro de ella un anillo, era una baratija, simbólica, pero bueno le di la rosa y le dije que mirara dentro y delante de todos sus amigos le dije que se casara conmigo, y ella me dijo que SI. ¿Porque hice esto?, ni si quiera lo se, si lo sentía pero tenia miedo a lo que estaba sintiendo, tenia miedo al compromiso, miedo a todo un poco, Ana me miraba con tanta ilusión, se notaba que me amaba y que el amor que ella sentía era incondicional, pero a mi no paraba de asaltarme dudas, no cuando estaba con ella, cuando estaba a su lado me sentía feliz, cuando me besaba y mis emociones me invadían se me iba cualquier tipo de duda. Sus amigos nos llevaron a su casa y nos dejaron allí.-

-Ahora tocaban las presentaciones, iba a conocer a su hermana, sus padres y su perro, esto empezaba a ser serio y más aun después de la conversación que mantuve con su madre.-

-Ana abrió la puerta y me invito a pasar, yo estaba hecha un flan, es de unas esas situaciones que te sientes como un manojo de nervios, iba a conocer a su familia, no soy de las personas que quieren quedar bien, pero como decía Ana esta era la prueba de fuego.

Entramos en la sala de estar, allí estaban sus padres viendo un programa, se levanto inmediatamente su madre al ver a entrar a Ana-

Mamá esta es Maggie; Maggie esta es mi madre Estrella

Hola Maggie, ¿Que tal el viaje?

Bien gracias, cansado, y ustedes ¿que tal?

Uy no me llames de usted que me suena muy mayor- La madre de Ana tenia unos 42 años no más, calculaba yo, al contrario de los míos que tenían 59 y 61 así que la diferencia entre los padres de Ana y los míos eran considerables-.

Maggie te presento a Borja mi padre; Papá esta es Maggie

-Me dio dos besos y se sentó, parecía más serio que su madre pero no debe de ser plato de buen gusto que su hija lleve a su novia a dormir a casa.-

Ah bueno y se me olvidaba Oliver

Me llevo a la habitación donde estaba su hermana con el ordenador, y me la presento, era una adolescente muy guapa por cierto, tenía también el pelo rizado, castaña, su nombre Dulce, en cuanto vio a su hermana le planto dos besos grandes, a mí pues me dio dos besos tímidos.

¡Ana me vas a dejar dormir con vosotras verdad!

No se si te va a dejar mamá

Donde vas a dormir, nosotras dormiremos en la cama de 80 pequeña

Pues me saco un colchón de las otras camas y lo tiro aquí en el suelo, voy a ver si me deja mama

Lo siento Maggie, creo que no dormiremos solas no tenemos escapatoria

Mientras durmamos juntas me da igual que este tu hermana o quien quiera

Estas ¿segura de lo que has dicho? –Pregunta del millón, segura pues si, si ella se iba a ir con sus padres al día siguiente y tendríamos la casa para nosotras dos, solas, por unas cuantas horas más en compañía no pasaría nada.-

Si segura, ¿mañana se van todos?

Si por la mañana temprano estaremos solas con Oliver pero el es callado y muy fiel nunca se chiva de nada de lo que hagamos

–Por la puerta entro su madre y hermana–

¿Dejáis a Dulce dormir con vosotras?

Por mi da igual

Si mama déjala

Voy a traer un colchón, no arméis mucho escándalo y dejar la puerta abierta

-La habitación de los padres de Ana estaba en medio de ambas habitaciones la de Ana y la de Dulce. La de Dulce daba al patio de Luces y la de Ana a la terraza.

Dormimos en la habitación de Ana, su madre trajo un colchón fino y allí se tumbo Dulce, Ana y yo nos tumbamos en la cama de 80, que era muy pequeña, nos pusimos las 3 el pijama, Ana mando a su hermana a por la radio, me había comprado un CD, el último de mi cantante preferido Sergio Dalma y lo puso, la canción que le gustaba a Ana era la de "Mía", esa noche escuchamos el disco en bajito unas 2 veces, su hermana tenia frío así que le cedimos la cama y nos tumbamos nosotras en el colchón. Como estaba acurrucada dormida, yo le eche por encima una sabana, Ana me miro con carita de tonta al ver que tapaba a su hermana, me vio con cara de chica protectora.-

¿Porque me miras así?- le sonreí-

Porque definitivamente eres perfecta.

-Yo no paraba de meterle mano a Ana, aunque ella no se dejaba, le daba cosa, estaba su hermana dormida y sus padres en la habitación de al lado, así que era algo extraño, a regañadientes hice que mis instintos se mermaran. Al final nos quedamos abrazadas dormiditas y amaneció. Entro Estrella por la puerta y hizo que nos levantáramos en especial más que nosotras quería que se levantara Dulce para prepararse para irse, Ana se levanto para sacar al perro mientras yo recogía la habitación, luego desayunamos todos juntos, antes de irse y despedirse Estrella nos llevo a su habitación.-

Bueno aquí tenéis la habitación nuestra, cuando Maggie se vaya cambias las sabanas de la cama-

-Al ver mi cara de asombro, añadió- ¡Imagino que no vais a dormir separadas!

Si mamá yo quitare las sabanas no te preocupes. - asintió Ana-.

-Jo, pensé ¡que madre tan moderna!, anda que los míos me iban a decir eso, desde aquel momento subí a Estrella a mi pedestal personal, no podía creer que existieran personas así, lo daban todo por su hija, yo para ellos era una completa desconocida, solo sabían de mi lo que les había contado Ana.

Ojala todos los padres fueran así, imagino a Ana entrando a mi casa, que mis padres la aceptaran como una más, seria genial, pero como van a ser felices por ver a su hija feliz, imposible, importa más para ellos el que dirán, que la felicidad de su propia hija. Eso no importaba para nada, ahora a parte de amar a Ana, también la envidiaba, eso si era envidia sana.

Bueno mi amor, por fin solas, estaba deseando que se fueran ya mis padres

Yo también estaba deseando estar a solas contigo desde anoche

Pues ya estamos solas, totalmente solas

¿Sabes que me apetece?

No se dímelo tú

Voy a preparar la bañera con sales, y unas bolitas que tengo de aceite y nos bañamos juntas

Esto no creo que sea buena idea

¿Y eso porque?

Adivina, tengo la regla

Jajaja siempre presente, jajaja, da igual, que mas da, solo vamos a ducharnos

-Solo ducharnos como iba yo a meterme en la bañera con ella, desnuda, indispuesta, si soy tímida, en mi casa no solemos hablar ni de sexo, ni de la regla, todo en mi casa se basa en tabus-.

No se yo

Vas a estar 4 días conmigo, vamos a pasarlo bien, olvídate de todo, voy a poner música y nos bañamos

Bueno pero antes me dejas que me asee para que se me corte un poco, ¿ok?

Deja de preocuparte, además existen los tampones

–Lleno la bañera con sales, aceites con bolas de colores, había azules, verdes, amarillas, rojas, encendió el agua caliente y la bañera se empezó a llenar de espuma y de colores al igual que las bolas de aceites, la verdad tenía todo muy buena pinta, apetecía meterse.

Puso un disco de David Civera, mientras yo estaba en el baño aseándome un poco y poniéndome aquél molestoso tampón, para que nada molestara... mi manía era cerrar la puerta con llave, a lo que Ana me echo la bronca, en su casa tenían por norma no cerrar el baño, cosa que para mi no era normal, ¿y si entra alguien? Me preguntaba yo-

–Ana entro en el baño, y se metió en la bañera a lo que me invito a entrar con ella, así que le hice caso, estábamos las dos desnudas en el baño, ella estaba tumbada y me tenia a mi abrazada por la espalda, estábamos allí tan a gusto con el agua calentita, ella me echaba espuma por encima del cuerpo como para bañarme, al final terminamos en una guerra de espuma, fue genial, reíamos sin cesar, yo ya tenia los ojos la cara todo llenito de espuma, y Ana de igual modo, de pronto el timbre de la puerta sonó y nuestras risas se acallaron. Ana se puso el albornoz, me dijo "no se quien será porque la que viene a estas horas suele ser mi tía Rosa y creo que se fue a los Pirineos con mis padres y su marido, pero me acabo de poner en duda". Fue a abrir y volvió al baño, no es nadie, que susto, dice vamos a enjuagarnos anda... fue y apago la música, mientras el agua entraba por el desagüe abrimos el grifo, nos quitamos el jabón, y nos secamos, Ana me secaba a mi con mucha delicadeza, ves como ha sido divertido, aun era temprano para comer, así que Ana me cogió de la mano y me llevo hacia la habitación de sus padres, me dijo bueno no pasa nada, que tengas la regla podemos hacer muchas otras cosas, estuve pensando en lo que paso la ultima vez, y creo que contigo habrá que hacerte otras cosas pero mas tranquilas, así que tengo 4 días para conseguirlo, pero vas a tener que rogarme...Me tumbo en la cama y me pidió que me vistiera, así que le hice caso, ella mandaba y yo le hacia caso en todo, se puso al lado mío en la cama y empezó la guerra de besos.

Empezamos hablar de todo un poco, yo le hable de mi relación con Fran, como era estar con un chico, ella me contó como fue la primera vez que se acostó con una mujer, aquella chica le hizo el amor de una forma un tanto bruta, me contó que la abrió de piernas y directamente le clavo la rodilla, si sintió cosas pero para nada fue romántico ni como ella lo esperaba, y quería que para mi fuera especial, así que esperaría el momento que yo estuviera preparada. Yo me sentía preparada, pero con el periodo, con todo lo que tenia en contra, mis nervios, quería hacerla sentir bien, que ella encontrara en mi la satisfacción de hacerme sentir esta vez, si no fuera así quizás para ella seria un desastre y queríamos que fuera perfecto. Le dije que posiblemente el sábado de noche se me iría el periodo justo una noche antes de irme. Nos fuimos a hacer la comida, me plante de cocinera y hicimos patatas a lo pobre, ella me ayudaba a pelar las patatas, salio todo buenísimo, me decía que a parte de eso tenia buena mano para cocinar. Me contó que su ex no le dejaba cocinar con ella, y le echaba de la cocina, eso no le gustaba nada de ella, todo lo contrario que conmigo, estaba feliz de estar cocinando conmigo, la verdad que nos complementábamos muy bien.

Comimos y nos fuimos a un bar, el Gandalf, allí quedamos con sus amigos, a Ana le encantaba una máquina que tenia un montón de juego entre ellos el de los 7 diferencias, yo le ayudaba a buscarlas y nos reíamos mucho.

Llegaron los amigos que conocí cuando vine la otra vez, pedimos unas coca colas y nos pusimos a jugar al pictonari, era uno de los juegos preferidos de mi amada, fue muy gracioso ellos nos ganaban era normal se conocían de muchos años, y Ana y yo de apenas mes y medio. Ana pinto una especie de monigote en un árbol, y a mi se me encendió la lucecita le dije que era un perezoso, se quedaron pasmados, Ana gritaba si y reía a su vez, me dio un beso en los morros, sus amigos nos decían, no puede ser os habéis chivado. ¿Como con un monigote, a nadie se le hubiera ocurrido decir perezoso?...Después de eso nos fuimos a casa a cenar, y después a la cama, yo estaba reventada ya que la noche anterior entre su hermana y la cama tan pequeña casi no habíamos podido dormir. Nos pusimos a hablar Ana me contó que en todas sus relaciones cuando una chica le había metido un dedo siempre le había hecho daño, pero que yo cuando se lo hice le gusto y no le hice mal, yo a eso le comente que tenia truco, que para eso tenia que estar bien lubricada, las uñitas bien cortaditas y con la yema de los dedos, como si fuera un especie de pene. Ni corta ni perezosa me dirigí a la nevera y cogí una zanahoria y me la escondí detrás del pantalón, ella vio que escondía algo, y se reía, cuando le saque la zanahoria empezó a reír a carcajadas, ¿para que traes eso? le dije.–

Te aseguro que esto tan grande no te haría daño, porque es uniforme sin embargo los dedos hay una diferencia de tamaño de uno a otro entonces al chocar contra las paredes de la vagina si no lo haces bien duele, por eso con cuidado y si no usamos la zanahoria.

Jajaja estas loca, aunque igual a ti te viene bien la zanahoria ya que estas acostumbrada a un pene, y yo de eso no tengo, así que me va a tocar o desacostumbrarte o tomar otra determinación.

-Se hacia cada vez mas tarde hablamos de todo, yo estaba muy cansada y sin darme cuenta me dormí, y por lo bajo escuchaba a Ana hablarme, me puse a soñar con una huerta y me desperté sobresaltada y solté -"¡Tomates!", jajaja Ana empezó de nuevo a reírse, me decía- "¿que dices de los tomates?, al final me vas a sacar casi todo de la nevera si sigues así, que pasa que los tomates son los huevos",- se reía sin parar, le dije que me perdonara que me estaba quedando dormida,-

"que pena pobre tienes sueño duerme mi amor", buenas noches mi amor

Buenas noches cielo, duérmete pollo-

Y así como se lo dije comenzó a dormir, y yo del mismo modo abrazadas caímos en el profundo sueño, sin preocupaciones...-

-Volvió a encenderse la luz en la ciudad de Zaragoza, amanecía otro día más, nos desperezamos.- Buenos días mi vida, ¿que tal has dormido?

Si te digo la verdad creo que ha sido la mejor noche de sueño que he tenido por que dormir contigo es maravilloso.

-Pegue un salto de la cama y me fui al baño a asearme mientras Ana preparaba el desayuno, Yo me fui a la terraza y corte una de las mas hermosas rosas que había allí, y se la dí a Ana. Ana sonrío y la puso en medio de la cocina en un vasito con agua para que se mantuviera un poco y no se marchitara. Volvió a decirme lo maravillosa que era, y ambas pensamos que la vida seria maravillosa si la viviéramos juntas, así siempre con los pequeños detalles del día a día, con la monotonía que nos de esa estabilidad,

Me encantaría pasar la vida junto a ti Ana, seria tan ... no se simplemente perfecta

No se si perfecta pero creo que nos iría bien

Yo opino lo mismo mi niña

Lo malo es que tienes que terminar de estudiar buscar un buen trabajo y así me jubilas a mí

¿Quieres que te jubile?

Claro no pensaras que yo voy a trabajar para solucionarte a ti siempre la papeleta, cuando termines tus estudios, te tocara trabajar, bueno ambas trabajaremos y vendrán las deudas las responsabilidades, y cambiaremos–

Tanto como cambiar no creo, si estos días son así como unas vacaciones para conocernos y no tenemos responsabilidades pero de igual modo, los días trabajando y llegar a casa y que estés esperándome será también genial.

¿Hacemos una cosa? Terminas de estudiar y te vienes vivir conmigo a casa de mis padres hasta que encontramos un piso donde estar juntas.

Y crees que a tus padres les parecerá bien que me venga a vivir contigo y con ellos.

Sabes creo que no habría problema.

Demasiado pronto ¿no crees?

Pronto no, nos llevamos bien, yo te amo y tú a mi, en la cama todo se andará, además eso es secundario, mas que pronto seria genial, decidido te vienes cuando termines.

Bueno no pierdo nada.

–Nos pusimos los bikinis y nos fuimos a la pequeña piscina que tenían montada en la terraza, allí estábamos dándonos besos. Ana decía nos van a ver los vecinos, y yo le decía deja que miren y disfruten, ella reía por mi picardía, tenia una sonrisa guapísima con esa boquita de pato que me encantaba, era preciosa, para mi era la mujer mas bonita que había conocido jamás, nos pasábamos el día hablando y haciendo planes. Todas las tardes regábamos el jardín de su madre y nos íbamos a la cama donde nos regalábamos besos y caricias sin limite, nos deleitábamos la una con la otra sin esperar recibir, simplemente surgían, nos divertíamos juntas, el día seguía a la noche y volvía a amanecer con ella, la veía despertar quería verla despertar todos los días, me recreaba mirando su cuerpo desnudo a la luz del alba, me encantaba contemplarla tan encantadora.

Llego la noche antes de irme para Granada, Ana decidió que íbamos a salir de fiesta con sus amigos, todos los pubs a los que fuimos eran de heterosexuales y bueno si hacia cualquier cosa nos miraban En una de las ocasiones me apoye en la pared y la tenia tan pegadita que le quise besar, ella me dijo que pareciera como si estuviera ligando con ella, y realmente es lo que hacia, se hacia tarde y me dijo que tenia sueño y quería irse a dormir a casa, yo no entendía, era el último día, yo me lo estaba pasando genial, pero ella quería irse...nos despedimos de sus amigos, una de sus amigas me pregunto porque estaba tan seria, a lo que le conteste que no me parecía bien que quedándome un día para irme Ana quisiera irse a dormir, su amiga simplemente me dijo disfruta de la noche, puede mas el deseo que el sueño... yo sonreí y me fui mas tranquila.

Cogimos un taxi de camino a su casa, el taxista no conducía muy bien, a parte de rápido casi nos estampa con el camión de la basura. Al fin llegamos a casa de Ana sin ningún altercado.

Fui al servicio mi periodo se había retirado, me asee un poco, Ana andaba danzando por su casa, la escuchaba pasearse de un lado al otro, al abrir la puerta del baño me ordeno que no saliera hasta que me avisara, accedí a su deseo. Al rato entro al baño con un pañuelo y me vendo los ojos, me cogió en brazos y me dejo suavemente caer en la cama de sus padres, no me dejo quitarme la venda. Comenzó a besarme en los labios, a recrearse en mi boca, no quería que la tocara, ella estaba jugando conmigo, por un momento dejo de besarme, empecé a escuchar a lo lejos música, eran sin lugar a dudas baladas de amor, era un momento súper romántico.

Ana me susurro al oído "te amo", acto seguido me reclino sobre la almohada, y como si se tratara de la peli de 9 semanas y media, me empezó a dar de comer, me dio fresas, uvas todo procedía de su boca, me daba de comer con su boca, el sabor de sus labios era indescriptible, entonces me quito la venda, la habitación estaba llena de velas, eran velas blancas, azules, rojas, amarillas, era noche cerrada y aquellas velas le daban a la habitación un tono súper romántico, la cama estaba llena de pétalos de rosas, la mesita de noche tenia dos copas con un licor de color violeta

¿Brindamos mi amor? Por nuestra noche perfecta

Yo le dije, por ti

Por nosotras

–Su brazo y el mío se cruzaron entre si y bebimos de la copa, era licor de mora, mi licor preferido, todo era perfecto–

–Le quite la copa de la mano y las puse de nuevo sobre la mesita de noche, estaba preparada para entregarme al amor, comencé a besarla y acariciarla sin reparar en que el tiempo se nos precipitaba, sin censuras, comencé a amarla desde el mismo momento que entre en aquel Chat y ahora me tocaba demostrar cuanto sentía. Ana no quería que empezara yo como la vez anterior no quería, así que esta vez comenzó ella con las caricias, yo intentaba jugar con ella, intente por todos los medios por empezar yo, no fuera que de nuevo me atacara mi vergüenza, ella continuo con sus besos, trate de besarla de agacharme hasta su sexo pero ella me detuvo con una mano y con la otra comenzó a jugar con mis pechos.

Cada momento que pasaba yo me excitaba más, no podía oponerle ninguna resistencia, sentía que me elevaba en una nube, que me desvanecía a otro mundo. Seguidamente empezó a besarme el cuello, cuando sus labios me acariciaban, hacia que me encendiera más aun y como nunca sin pensarlo si quiera comencé a gemir por el placer que empezaba a sentir, su lengua comenzaba a hacer pequeños círculos por mis pezones, su piercing me pellizcaba pero no era doloroso, por primera vez mis pechos dejaban de ser insensibles, sentía en ellos la calidez de su lengua, lo sentía todo a flor de piel, no quería que parara, volví a gemir. Deje de oponerme al placer que Ana me ofrecía, le dije que hiciera conmigo lo que deseara, que la amaba, ella me callo con un profundo beso apasionado. Sin parar de acariciarme y besarme comenzó a bajarme los vaqueros, yo le eche una mano. En seguida comenzó a bajar por mi abdomen y empezó a jugar con su piercing, acerco su boca a mis bragas yo sentía su cálido aliento, creo que estas lista para esto, me bajo las bragas y me dejo al descubierto, empezó a lamerme cada vez más y más fuerte, empezó a jugar con su piercing con mi clítoris, a veces metía el piercing dentro de mi vagina, cada vez notaba más y más intensidad en sus juegos, luego sus dedos comenzaron a acariciar mis labios vaginales suavemente para después penetrarme con ellos, mientras que con la otra mano me acariciaba la entrepierna. De vez en cuando se paraba como jugando conmigo, y miraba mi cara de placer, yo estaba muy excitada, me gustaban sus caricias y sus juegos. De repente sentí un placer enorme, ella comenzó a succionar mi clítoris, yo no pude más y me corrí, si grite del placer-

¡Ya mi amor, ya! -Había sido el orgasmo más espectacular de mi vida-

¿Te gusto, mi amor? - ahora simplemente estaba con cara de tonta, la abrace y la bese, estaba totalmente relajada y feliz.-

Me encanto pero ahora te toca a ti -ella sonrió y me dijo no hace falta simplemente con haberte dado placer yo estoy mas que satisfecha-

-Nuestros labios se entremezclaron por un gran tiempo, sin que ninguna de las dos quisiese poner fin a ese prolongado beso, yo la agarraba con fuerza hacia mi, comencé a morderle suavemente el cuello muy cerca de su oreja, sabia que su cuello era un punto muy erógeno la excitaba mucho lo había comprobado ya cada noche cuando le susurraba algo en la oreja, siempre me decía que la excitaba.

El deseo volvió a despertarse en mi, nuestra respiración mezclada con nuestro beso, se agitaba y aceleraba por instantes. Sentirla así, vibrando conmigo y gracias a todo lo que le estaba haciendo, me tenía loca, no podía pensar en mi propio deseo. Quería satisfacerla, le desabroche sus pantalones e introduje una mano dentro de sus vaqueros y su ropa interior y comencé acariciar sus labios, si fui muy directa, pero sabia que ella lo estaba deseando. Seguí jugueteando con mis dedos en sus labios inferiores mientras como en otra ocasión gemía y chillaba, hasta que introduje un poco mi dedo dentro de su sexo, su clítoris estaba durito, comencé a lamerlo dándole la presión justa, mientras la penetraba con mis dedos, note que se estremecía. Sus mejillas estaban enrojecidas, por ser mi primera vez con una persona del mismo sexo, había tenido un orgasmo y quería devolverle todo el placer con el que ella me había entregado. Me encontraba aparte de verdaderamente excitada, muy nerviosa y aunque jamás había hecho el amor con una mujer, sabía perfectamente los lugares idóneos para comenzar, disfrutando y acabar explotando en el más ardiente de los orgasmos. Así fui recorriendo cada vez con más presión aquello recónditos lugares y se corrió acompañada por uno de sus gemidos, acto seguido nos tumbamos entre caricias y besos, me susurro al oído cuanto me amaba, diciéndome que ya no podría vivir sin mí.-

Ya era Domingo, nos habíamos quedado desnudas, abrazadas y dormidas, el despertador estaba programado para que yo no perdiera mi autobús, no quería irme, la amaba y estaba más que comprobado que ella me amaba a mi, no debía de fallarle, estaba decidida que cuando llegara a Granada le diría a Fran de que ya no quería estar con él, que la amaba a ella, y que cuando terminara mis estudios me iría a vivir con ella.

Cogí aquel autobús, despidiéndome de Ana entre lágrimas, besos y regalándonos caricias, subí y me fui, vi como su cuerpo se alejaba del mío, mi corazón estaba hecho un puño, tenia una idea formada en la cabeza, estaba por fin segura de lo que tenia que hacer, lo malo es que no sabia como decírselo

Al llegar a Granada, allí estaba Fran esperándome con un ramo de doce rosas hermosas, como iba a decirle que no lo amaba, como le iba a hacer tanto daño a la persona que durante cinco años había estado a mi lado, acompañándome, como le iba a decir que ya no le amaba, que nunca le había amado, que había descubierto realmente lo que era el amor al lado de aquella mujer. Como hacerle comprender que quería pasar el resto de mi vida con una mujer y no con un hombre, estaba hecha un lío no quería hacerle daño, no estaba feliz al verlo, quería que la tierra me tragara, cerrar los ojos y sentir que no me estaba pasando esto.

Allí estaba él frente a mi, no pude decirle que no le amaba, le mentí, me mentí a mi misma, a Ana y a todo el mundo, me hice la tonta, le dí a entender a todo el mundo que volvía con él, mientras a escondidas hablaba con Ana, de nuestros maravillosos planes.

Uno de aquellos días Fran me invito a cenar, y me fui con él. Al regresar a casa, me llevo a un sitio escondido donde se veían todas las estrellas del universo. Allí estábamos él y yo comenzó a besarme, a desnudarme, yo cerré los ojos y me deje llevar. Fran bajo el asiento de delante y me subí encima de él, de pronto sonó mi teléfono que estaba en el asiento de atrás, en la pantalla ponía el nombre de mi amor, era Ana, yo le estaba siendo infiel... me sentía mal, me siento mal, lo sentía.. Soy una completa cabrona, no merecía a Ana, no merecía a Fran, no merecía nada. Al ver el nombre de ella, pare de hacer lo que estaba haciendo, fingí un orgasmo, Fran sabia que cuando yo me corría o se había corrido él, yo no debía seguir porque me dolía que estuviera dentro, me apretó fuerte contra él y se corrió. Me vestí avergonzada por lo que había hecho, estaba hecha un lío Fran me llevo a casa y se fue a la suya.

Llame a Ana al llegar a casa, necesitaba escuchar su voz, ella me pregunto porque no le había cogido el teléfono y le conté una mentira, le dije que me lo había dejado en casa, y que había bajado con mis padres al pueblo a tomar algo.

Mis padres estaban felices, al ver que Fran volvía a ser mi novio, pero yo no estaba feliz, no podía seguir así. Llame a Ana y le dije que había vuelto con Fran, ella lloraba y me pidió que no la dejara, que al menos yo fuera su amante, por lo menos eso. No quería hacerle daño, aquella proposición me halagaba pero no quería mantener dos relaciones paralelas, era demasiado para mi, pero yo no amaba a Fran la amaba ella, y me sentía muy mal porque cuando amas a una persona no te acuestas con otra, eso no pasa, y a mi me había pasado, no entendía el porque había hecho eso y no sabia que quería, todo me superaba.

Ana me llamaba cada día, me decía cuanto me amaba, mientras yo estaba con Fran o hacia que estaba con él. Si quería hacer el amor, yo me inventaba cualquier excusa para no hacerlo, desde una infección de orina, un dolor de cabeza, lo que fuera. Por la noches sola en mi cama pensaba en Ana y me masturbaba, no pensaba nada más que en ella, a veces me llamaba y nos quedábamos dormidas con los teléfonos encendidos.

Mi padre por la noche abrió la puerta de mi cuarto mientras yo dormía y cogió mi teléfono. Vio en la pantalla el número de Ana, comprobó que no era el de Fran y me quito el móvil.

Por la mañana me di cuenta que ya no tenia mi teléfono, mi padre me pidió cuentas de quien era aquella persona y como no le daba respuesta, la llamo desde mi teléfono, Ana le contesto cariñosamente pensando que era yo, mi padre la trato de puta y demás cosas, yo escuchaba la conversación atónita sin entender que estaba pasando. Sin embargo Ana era más inteligente que él lo llamo de todo de modo educado y le dijo que era un mal padre, que como podía hacer que su hija fuera una infeliz simplemente porque no era capaz de entender que yo la amaba, que no era nada malo pero mi padre no entendía a razones. Después de aquella conversación me rompió el teléfono.

Lo que mi padre no sabía es que yo tenía dos teléfonos, así que la llame con la otra tarjeta y ella me dijo que intentara ser feliz. Mi padre me había pegado después de aquella conversación, habíamos tenido una conversación bastante dura, él me insultaba y yo por fin le dije lo que sentía, una de mis frases fue, "recuerdas cuando me decías las niñas con las niñas, pues al fin lo has conseguido ".

Me quedaba nada para terminar mi curso, pero yo no podía más, así que prepare mis maletas y cuando se descuidaron salí corriendo cuesta abajo, mi madre corría detrás de mi, la verdad que le hice mucho daño la pobre había estado enferma de cáncer durante mas de 10 años, y para encima de todo en uno de aquellos sueros que la ponían casi a morir, le habían pegado la hepatitis C y es de lo que mas arrepiento, viéndola correr detrás de mi, me partía el alma pero ya no podía más con aquella situación mi padre me estaba asfixiando. Cuando llegue abajo de la cuesta me encontré con el coche de Fran que venia de frente, mis padres lo habían llamado. Paro y me pidió que subiera, que iría donde yo le pidiera, le dije que no lo amaba, que estaba enamorada de ella, él contenía sus lágrimas, de igual modo me dijo que me amaba, que si estaba segura de lo que le decía, yo no sabia ni lo que decía ni lo que quería le pedí que me llevara a la estación de autobuses, así lo hizo me llevo allí, y se fue.

Antes de que él autobús se fuera aparecieron mis tres hermanos pidiéndome que no me fuera, imagine que Fran les había avisado, mi hermana lloraba, pero yo no atendía a razones, me iba a Zaragoza, pasara lo que pasara. El autobús inicio su marcha, mis hermanos resignados se despidieron de mi, todo era demasiado dramático, nadie me comprendía solo Ana me daba lo que necesitaba, su cariño, su cuidado y su amor.

Al rato de salir el autobús, cuando conseguí calmarme llame a Ana para decirle que me iba a vivir con ella, Ana se sorprendió estaba feliz de mi decisión, lo único que me dijo ¿que como le iba a explicar a sus padres que aquella noche llegaba y que iba a vivir con ellos?

Me pare a pensar, que como les iba a explicar a sus padres todo lo sucedido, si me aceptarían en su casa, creía que Ana les había expuesto nuestros planes de vivir con ellos hasta que encontráramos un piso. Me asaltaron muchas dudas, tenia miedo de que no me aceptaran en todo el viaje no pare de llorar porque aunque me fuera para no volver, sabía que a mi madre la iba a extrañar muchísimo. Iba a vivir con gente desconocida, menos mi Ana, pero aun así también la desconocía porque llevábamos poco tiempo juntas, solo sabia que nos amábamos.

Al llegar a la estación de autobuses, Ana me estaba esperando, no me dijo nada, solo me dio un gran abrazo al ver caer mis lágrimas-

Ya paso mi amor, ahora estas aquí conmigo, no te preocupes.

Te amo -acallo mi llanto con un beso-

Vámonos para casa mi casa que ahora también es la tuya

¿Y tus padres que piensan?

Que si es así como tiene que ser que tienes su casa abierta

-Llegue a su casa junto a mi amada, y allí estaban sus padres, me abrieron las puertas de su casa, y me trataban como una hija más, me dieron un abrazo, un beso y una cama donde dormir, cada día me daban de comer, hablaban conmigo.

Ana y yo no teníamos mucho tiempo para estar solas, pero a veces sus padres misteriosamente desaparecían para dejarnos tiempo para estar solas, aquellos momentos nos amábamos apasionadamente.

Recuerdo hoy con ternura algunas de aquellas anécdotas cuando por la mañana yo hacia las camas y Ana sacaba el perro, uno de aquellos días cuando comenzaba el atardecer, Estrella le mando a Ana regar las plantas, así que tomo la manguera y se puso a ello, yo estaba junto a ella y le dije que si quería que la ayudara, sin mediar palabra, me puso la manguera encima de la cabeza y me regó a mi enterita, el agua estaba helada, al contrario de enfadarme comencé a reírme de lo que acababa de hacer, me pareció gracioso y refrescante, sus padres, su hermana, ella y yo nos reímos a carcajadas. Pero yo era la afectada, esto se merecía una venganza, así que con mi ropa toda empapada y la manguera encima de la cabeza, la abrace con muchiiiiiiisimo amor y la puse a ella empapada.

Así pasábamos los días entre risas, y amor, de vez en cuando quedábamos con sus amigos para cenar, tomar café y poco a poco los iba conociendo.

Cuando teníamos tiempo para nosotras, algunos de esos fines de semana que sus padres se iban teníamos momentos muy románticos y íntimos, disfrutábamos esos días de estar solas al máximo. Ana me solía poner la canción de Rosana "donde ya no te tengo" y me la cantaba al oído y bailaba junto a mi, incluso con sus padres en casa nos encerrábamos en la habitación para besarnos, nos necesitábamos muchísimo.

Los tíos de Ana salían mucho de viaje a los Pirineos, en una de las ocasiones salimos todos juntos Ana y yo dormimos en una tienda de campaña, fue muy divertido y sus padres en un Bungalow, esos días Ana y yo lo pasábamos genial en nuestro pequeño nidito de amor, que nos habíamos montado en aquella montaña. Cuando hacíamos el amor, Ana me mandaba callar mis gemidos porque decía que se iba a enterar todo el Camping, aquella situación era muy graciosa. Por la mañana temprano su madre nos iba a llamar, yo le decía si señor y me ponía firmes para hacerle la gracia. Monte por primera vez a caballo, 1 hora montada termine escocida y andaba abierta, eso fue lo malo que termine hecha polvo. Querían hacer una excursión para las montañas y ver lagos de allí, yo por mi enfermedad neuromuscular no podía así que le dije a Ana que le encantaba hacer senderismo, que fuera ella pero no quiso dejarme sola y se quedo conmigo. Regresamos a casa, en el coche íbamos su hermana, Ana y yo cantando las canciones que ponía su padre en el coche, fue un fin de semana distinto, Ana decía que tendríamos muchos días así, se notaba éramos felices e irradiábamos felicidad.

Los tíos de Ana se quedaron allí en los pirineos, y los padres de Ana, su hermana y yo volvimos a Zaragoza.

El día que cantaba Beth en Eurovisión Ana y yo nos enfadamos por que yo siempre tenía celos de una amiga suya que aunque ella no se diera cuenta le tiraba los trastos sin cesar, así que me enfade un poco. Ana al darse cuenta de mis celos también se enfado y comenzamos a discutir, ella más que yo, yo me limitaba a escucharla, llego un momento en que la cosa estaba ya demasiado calentita y me acerque a ella y la calle de un beso. Ana sorprendida fue muy receptiva, quería callarla y terminar aquella discusión, acepto mi beso, me agarro de la mano y sin que sus padres se dieran cuenta cogimos las llaves del piso de su tía, que era el ático del mismo edificio. Subimos sigilosamente allí e hicimos el amor, eso que dicen que las reconciliaciones son geniales fue corroborado por nosotras aquella noche. Llego la hora de Eurovisión, bajamos a casa de Ana como si nada hubiera pasado pero Estrella noto nuestros colores en la cara, íbamos demasiado rojas, así que noto algo y simplemente dijo: −¿de donde vendréis vosotras dos?

-Ana al ver que sus tíos dejaban bastante la casa a solas, hizo una copia de las llaves, y cuando ellos no estaban nos escabullíamos allí para pasar nuestros momentos de amor en intimidad, se convirtió en nuestro pequeño escondite secreto.

Un día contacto conmigo mi Director del Instituto donde estudiaba, me pidió que volviera que me quedaba nada para terminar las practicas, hablo largo y tendido conmigo, era desperdiciar dos años de mi vida por la borda y llevaba mucha razón Así que se lo comente a Ana, ella me pidió que no me fuera de nuevo a mi casa, que podía hacer yo, no quería irme estaba pasando el mejor verano de mi vida junto a ella y su familia, pero tenia también que terminar lo que había empezado, hable con el padre de Ana que era el único que estaba en casa, junto con mi novia, él le explico a su hija que yo tenia razón debería de terminar lo empezado, para poder luego buscar trabajo, independizarnos y tener un futuro, solo una trabajando no podríamos hacerlo y era mejor que terminara, de hecho solo tendría 1 mes que quedarme, terminar el proyecto de fin de curso y las horas en la empresa, así que le prometí que el 17 de Julio volvería a su lado, llame a mi familia y les dije mis planes aceptaron la fecha para volverme a ir, aunque con intenciones que descubriría mas tarde.

Me fui a la habitación con Ana para tranquilizarla y hacerle comprender que era la mejor decisión.-

Cariño debo hacer eso, así termino y vuelvo y no nos separaremos nunca más

Lo se pero ahora que te tengo aquí no quiero que te vuelvas a ir

Piensa será un mes, luego encontrare trabajo y nos iremos juntas a vivir solas

Lo se, pero no quiero

-Rompió a llorar, se apoyo en la columna no quería mirarme, lloraba desconsoladamente, yo no podía verla así, suavemente le subí la barbilla para que me mirara a los ojos, yo también lloraba.- Ana no llores que lloro yo, le di un beso, para mi el beso más apasionado y con mas amor que he dado en mi vida, recuerdo su olor, su respiración, sus labios junto a los míos se volvieron apasionados, nos entregamos en ese beso con toda el alma... nos miramos creo que para ambas fue un beso especial.-

Te amo Maggie

Yo también te amo Ana

-Al día siguiente ya con las cosas mas calmadas cogí el autobús para Granada, mis padres aceptaron lo mejor posible mi vuelta a casa, así que les volví a repetir que el día 17 me iría, a lo que mi padre contesto ¡Ya veremos! Como que ya veremos lo avise, y se lo repetí, no quería volver a irme a las malas. El mes que pase allí, mi padre me hacia la vida imposible, y mi madre ponía la paz, termine mi proyecto y se lo entregue al profesor, mi jefe en la empresa de las practicas me firmo todos los días que me eran necesarios para cumplir mis practicas ya que a veces echaba horas de mas para que el día 17 pudiera irme. Compre mis billetes de regreso junto con los de ida.

Los días que pase allí me intentaban comer la cabeza con historias de lesbianas, la sociedad, que pensaría la gente, que como iba a ser, incluso mi padre propuso ponerme una peli de lesbianas, con la intención que me diera asco. Incluso llego a decir que si en casa de Ana me estaban drogando, que estaba loca... muchísimas cosas tantas que a veces me hacían dudar, Fran de vez en cuando iba a verme lo que me hacia mas doloroso todo el proceso.

Llego el día 17 y mi padre me dijo que no me iba a ir a ningún sitio, yo me enfade mucho pero conseguí despistarlo y largarme con Ana, volví a la vida con ella, todo nos iba genial.

Ana iba a un psicólogo por problemas que tuvo de pequeña y yo la acompañaba, en una de sus citas, la psicóloga le dijo que yo estaba peor que ella aunque me aguantara las lágrimas, que razón tenia, estaba muy cansada y rayada, echaba de menos mi familia, el que no me aceptaran me afectaba demasiado y poco a poco eso me iba hundiendo, aunque no quisiera admitirlo. De paseo de vuelta a casa de sus padres, me pregunto si era verdad lo que decía su psicóloga, yo le dije que echaba de menos a mi familia, a lo que Ana respondió comprándome un billete de ida a Granada, la vuelta ya decidiría yo cuando volver...lo cogí y a los días me fui, lo malo de irme esta vez es que el piso de enfrente de sus padres lo podíamos alquilar y estar cerca de ellos, estaríamos puerta con puerta, y el padre de Ana me había conseguido el mejor trabajo que podría tener en mi vida cobrando un sueldazo, aun así no sopese nada, y me fui, Ana se enfado mucho conmigo, pero no veía mas que nuestro amor, así que acepto mi partida.

En Granada seguían las disputas con mis padres, me decían que no podía estar yendo y viniendo. Allí necesitaba un apoyo y aquel apoyo siempre había sido Fran así que lo cogí de nuevo como salvavidas, lo siento porque él era muy bueno conmigo.

Mis amigas del ambiente Leire y su novia, pensaban que debía de volver con ella pedirle perdón y ser feliz. Yo no sabia que quería, así que negué mis sentimientos por mucho tiempo.

Quedaban 5 días para la boda de mi hermano, y mi padre me cogió del cuello, casi me ahoga todo esto porque me vio cambiando la tarjeta de un móvil a otro para ver si uno estaba libre, y bueno mi padre volvió a pillarme, me rompió los móviles, ya no podía llamar a Ana.

Fran estaba en casa y le conté que había pasado, lo mejor que se le ocurrió decirme que mi padre llevaba razón, nunca tuvo el coraje necesario para decirme vente a vivir conmigo, ¿y se atreve a decirme que estaba mal lo que hacia?

Sufrí mucho, me echaban la llave de casa, era como una prisión y mi corazón quería regresar con Ana, no podía más, ahora ni siquiera podía llamarla.

Fran se salio afuera con mis padres, encontré la llave de mi hermana que también estaba en casa y salí corriendo hacia el restaurante donde había teléfono, al darse cuenta de que no estaba fueron a buscarme.

Conseguí hablar con Ana aunque no tenia mucho dinero, Ana me dijo vente conmigo. Fran apareció en el aparcamiento, me encontró, así que le di a Ana su teléfono para que me llamara, y así lo hizo me llamo y me mando dinero para regresar. Aquella noche era la despedida de soltero de mi hermano, Fran fue y volvió temprano a casa de mis padres, me saco a la piscina con él y se trajo dos copas y dos cigarrillos, aunque yo no fumara ni bebiera ese día lo hice, me pidió que me fuera con él a vivir, pero note que no lo decía de corazón, le dije.-

Mañana sabes que me iré con ella para ya no volver más, es mi vida, si ellos no la aceptan no sabrán más de mi

¿Y yo que Maggie?

Tu Fran seguirás con tu vida y se que encontraras a la mujer que has esperado

Tus eres esa mujer, te quiero

Yo también te quiero pero amo a Ana

–Terminamos la conversación mirando las estrellas como hacíamos en muchas ocasiones aquella noche dormimos juntos en el sofá, solo dormimos, al día siguiente hice mis maletas y el me llevo a la estación de autobuses, y me fui...Amarga despedida

Fran regreso a mi casa y les dijo a mis padres entre lágrimas que me había ido, aunque el tenía la esperanza de que me regresara una vez parara el autobús en Benalmadena lo llamara para que me fuera a buscar... pero aunque cuando pare lo pensé, sabia que lo mejor para mi y mi salud era irme con Ana, nos amábamos y necesitábamos estar juntas.

Ana esta vez no le dijo nada a sus padres, y cuando me recogió me llevo a un hostal, me dijo mis padres no saben ni deben saber nada, allí venia cada noche a verme y se iba, no hacíamos el amor ni nada, solo hablábamos, un día me dijo que se iba con sus padres a la playa a Salou que se lo había prometido y no podía decirles que no, así que se fue y me dejo sola, se que me lo merecía, era la boda de mi hermano y me sentía muy sola...

Ana cuando volvió lo primero que hizo fue ir a verme me había extrañado tanto como yo a ella, sus padres percibieron que mi osito había desaparecido de casa, y lo llevaba en una mochila, yo se lo había pedido, así que me lo trajo.

Mi madre llamo a casa de Ana preguntando por mí, y la madre le dijo que yo no estaba allí, que no sabían nada de mí, por lo que descubrieron que Ana me estaba encubriendo.

Así que cuando regreso Ana a su casa, sus padres le preguntaron demasiado y ella termino por contarles que estaba en el hostal de la vuelta de su casa, vinieron a buscarme con ella y me llevaron a su casa, me volvieron a abrir las puertas de su casa, con la única condición de que no había mas vuelta de hoja, si volvía a hacer daño a su hija no querrían saber más de mi, y Ana me dijo de igual manera que sus padres, que ella me amaba pero que no quería que le hiciera más daño, y tenían razón.

Esa tarde me fui a buscar trabajo y lo conseguí a la primera, comencé a trabajar en unos grandes almacenes, no ganaba mucho pero era lo suficiente para alquilar un apartamento para las dos. Vimos muchos, hasta que uno nos gusto, la señora nos lo alquilo, era un piso de dos habitaciones una de matrimonio y otra mas pequeña, no tenia recibidor el recibidor era el mismo salón que era salón-cocina, estaban juntos, también al lado del salón había un pequeño cuarto de baño, entraba mucha luz, era genial ¡Nuestro Piso!

Independencia total las dos solas, cuando venia de trabajar muchas veces Ana estaba cocinando y yo la agarraba por detrás, besándole el cuello, metiéndole mano y más que terminar de cocinar, nos íbamos directas a la cama y hacíamos el amor sin parar. Otras veces llegaba ella y yo estaba cocinando (dependíamos siempre de la hora ya que yo trabajaba a jornada partida y ella a turnos) ella me hacia lo mismo y otras simplemente comíamos, nos echábamos la siesta, veíamos la tele, vaya una convivencia normal. No solíamos discutir, si teníamos alguna disputa lo hablábamos y ya sin discusiones, al principio todo era genial.

Ana y yo éramos amantes de los animales, un día pasando por la puerta de una tienda de animales nos encariñemos de un perrito, un Espagnol Bretón, y Ana me lo regalo. Sabíamos que en ese piso no podíamos tener animales, pero queríamos ocultarlo, lo malo es que la casera cada dos por tres venia al piso a dar por saco, y nos descubrió, así que nos pidió o que lo devolviéramos o que si queríamos tenerlos teníamos que trasladarnos al piso de enfrente que tenia patio de luces para tenerlo allí. En el piso de enfrente vivía un tipo que tenia un gato y un perro pero que no le pagaba el alquiler así que lo echo. Al mes siguiente nos cambiamos a aquel piso era un zulo, no entraba ni gota de luz, nada de nada, a Ana le tocaba turno de noche, solo era un mes al año, pero era de noche, así que entre en una depresión no quería salir de casa, cada noche soñaba con Fran que volvía con él y que dejaba a Ana, mis pesadillas aumentaban y no quería ni dormir.

Ana llegaba a casa y encontraba cacas de perros por todos lados, ella necesitaba descansar y yo no hacia nada, fuimos al médico y me mando pastillas para la depresión, yo no le contaba a Ana que me pasaba, entre mi enfermedad y la depresión no podía más. Para encima en uno de los viajes que realice a Granada mi padre me enseño un informe de que a mi madre le quedaban 5 años de vida, y me dijo que todo era mi culpa, acumule tanto mal estar que estaba completamente hundida. Pero jamás le conté nada de esto a Ana.

Una de las noche que Ana se tenia que ir a trabajar, me pidió que en vez de quedarme encerrada en casa que me fuera con ella al trabajo, que no pasaba nada porque yo estuviera allí, aquel día le dije que no me apetecía como siempre, ella se enfado y me dijo si sigues así lo voy a dejar contigo. No quiso discutir más y me dijo te espero, yo le dije que no iría, que la amaba y ADIOS, jamás decía adiós siempre decía hasta luego, pero nunca adiós creo que Ana percibió que algo malo haría pero se fue, tenía que trabajar.

Esa noche llame a Fran y le dije que lo quería mucho y que sentía todo el daño que le había hecho, él estaba con Leire tomando algo, también me despedí de Leire

Llame a mi madre y le dije cuanto la quería, mi madre sorprendida me dijo que ella también me quería mucho y que me extrañaba, las madres siempre tienen una gran intuición, me dijo cuídate y no hagas tonterías, me noto muy triste.

Había tocado fondo, no quería vivir más, no quería sentir amor, no quería sentir tristeza, no quería que mi madre se muriera, no quería soñar con Fran, no quería sentir confusión, no quería estar enferma, no quería limpiar, no quería aceptar que me estaba ocurriendo solo quería dormir sin sentir y no despertar, no lo pensé actué por impulso me tome una caja de antidepresivos, comenzó a entrarme el sueño pero Astur nuestro perro no me dejaba dormir, llame a Ana-

Hola mi amor, quiero que sepas que te Amo mucho mas que a nadie en este mundo y que a pesar de todo lo que me esta pasando eres la mujer más importante de mi vida, y siempre pase lo que pase te voy a amar, todo lo que has hecho por mi siempre ha sido maravilloso, este tiempo junto a ti he sido más feliz de lo que uno puede llegar a soñar.

-Ana noto mis sollozos y que hablaba de forma extraña, me pregunto-

¿Que has hecho Maggie?

No puedo más mi amor, no quiero que sufras por mi culpa, no quiero que nadie sufra por mi así que mejor desaparezco de esta vida.

Maggie no me digas eso, dime que te has tomado

Nada solo una caja de pastillas para dormir

Tomate un baso de leche, ahora mismo estoy allí

-No le hice caso, así que poco a poco me fui mareando, Ana abrió la puerta del apartamento y entro un montón de gente con maletines. Era el Samur, me metieron en la ambulancia pusieron las luces y la sirena, yo estaba demasiado mareada, me pusieron un montón de cachivaches.

Al llegar al hospital me hicieron un lavado de estomago, cuando salí de aquel cuarto de tortura, Ana estaba fuera con su madre esperándome, ambas lloraban sin parar, pienso que estaban ellas peor que yo. Les pedí disculpas, ellas no quisieron hacerme caso a mis disculpas, solo me abrazaron, la madre de Ana seco mis lágrimas.

Y así estropee la relación de amor más bonita que puedo llegar a imaginar, aquel día rompí la confianza de Ana y de sus padres. Mi madre que aunque ella lo sabia ya que había hablado con Estrella y sabia lo que había hecho, me pregunto directamente si había intentado suicidarme, mi madre como madre es muy persuasora, le dije lo que había hecho. En ese momento cogieron el coche, mi padre, mi madre y dos de mis hermanos de Granada, de igual manera los mismos dos de mis hermanos que vinieron a verme cuando empecé con la depresión, vinieron desde Asturias a Zaragoza de nuevo...

Estrella vino a buscarme cuando se entero de que venían mis padres, yo no quería irme quería vivir con Ana, pero aquel día a sido junto con el día del hospital el peor día de mi vida.

Me encerré en el baño no quería estar con mis padres, pensé en contarme las venas, la madre de Ana consiguió que saliera del baño para llevarme a su casa, al ver que no quería acceder, me pego un tortazo en la cara para que despertara, lo consiguió. Me fui allí, el padre de Ana no me hablaba desde el día del hospital, me metí en una habitación a oscuras y encima me puse una manta como queriéndome que la tierra me tragara, no aguantaba más, llore y llore. Ana consiguió quitarme la manta de la cabeza y me llevo junto a ella a su habitación y me pidió que no me fuera, yo le dije no me quiero ir mi amor, no quiero, escapémonos. Ana me dijo eso es imposible diles que no quieres irte, le conteste no van a aceptar ni tus padres ni los míos.

Mi madre y mi hermana subieron a por mi y la madre de Ana y la mía nos conformaron diciendo que yo tenia que ir a un psiquiatra que cuando me pusiera bien volvería con ella y ellos lo aceptaran. Las dos nos conformamos, mi madre abrazo a Ana al verla llorar conmovida.

Antes de que llegaran le puse una canción a Ana con la cual me despedí y que según una amiga suya actualmente la lleva en todos sus discos desde aquel entonces, la cual explicaba lo que sentía "te veo venir soledad" de Franco de Vita:

No me digas que
acabamos de comprender
que lo nuestro llego a su final
que sin mi tu puedes continuar

Te Veo Venir Soledad
Y no me digas que

no merezco lo que recibí
y que yo nunca te comprendí
pero, Cuanto esperabas de mi?

Te Veo Venir Soledad
Que las noches no tienen final
que la vida sin tu no me vale de na'
otro golpe para el corazón
que dejaste tirado aquí en este rincón
te veo venir soledad

y no me digas que
que algún día tal vez volverás
por ahora no hay nada que hablar
muchas cosas, si, para olvidar
te veo venir soledad
yo no te olvidare

y no me importa si lo creas o no
te necesito mas de lo normal
lo siento si no lo supe expresar
si no supe como demostrar
pero es la pura verdad

Que las noches no tienen final
que la vida sin tu no me vale de na'
otro golpe para el corazón
que dejaste tirado aquí en este rincón
por un amor que se niega a morir
por lo que tu mas quieras no lo dejes así
que lo nuestro no puede acabar

que es mas fuerte de lo que podemos pensar
por eso.... Te Veo Venir Soledad

y yo te esperare
todo el tiempo que quieras, da igual
si quieres busca en otro lugar
y si lo encuentras te puedes quedar
Te Veo Venir Soledad

Ana y yo seguíamos en contacto, yo le contaba que salía con chicas, le mentía con mis historias para ponerla celosa, también le decía que la amaba.

Ana me contaba historias que tenia con alguna chica, yo hacia como si nada de aquello me importara, pero la amaba.

En invierno me presente en su casa, cuando salía para ir a trabajar, me escondí debajo de unos soportales y salte para sorprenderla, ella se asusto, y me dijo que la dejara tranquila que si estaba loca, yo había ido porque últimamente no paraba de mandarme mensajes de amor.

Ana se sorprendió mucho al verme, pero no quería estar cerca de mi, así que le dije que me mirara a los ojos y me dijera que no me amaba, y así lo hizo, yo llore, y me fui, paseando me encontré a una amiga de ella cuando vivíamos allí, mi autobús salía al día siguiente así que tenia toda la noche, le dije de quedar y me dijo que si.

Ya por la noche acudí al sitio donde quede con aquella amiga, la cual no apareció, pero quien si apareció fue otra chica desconocida para mi, me pregunto si era Maggie, ella era la novia de Ana. Por lo visto trabajaba de militar en el ejercito del aire eso me contó en nuestro viaje en Taxi, me llevo hasta el trabajo de Ana. Ana volvía a trabajar de noche, y aquel día le pidió Ana el favor a su novia porque no quería que me quedara sola por Zaragoza, lo que dice mucho de ella, yo creo que de aquella aun seguía enamorada de mí.

La novia de Ana no paraba de atacarme diciendo que la dejara en paz, que no la llamara que no la buscara, etc. Ana se creyó que yo le iba a enseñar a la muchacha los mensajes que ella me mandaba, lo cual no se me paso ni un instante por la cabeza. Al ver que Ana pasaba de mi, decidí largarme a ver si podía conseguir otro autobús. Al salir del trabajo de Ana su novia me pego un puñetazo en la espalda pero yo pase de peleas y continué mi camino.

Volví a Granada, Ana me llamo aquella visita había surtido efecto me pidió que me metiera al ejercito para estar cerca de ella, y luchar por nuestro amor.

Yo si me presente a las pruebas pero con mi enfermedad no me cogieron, así que me tuve que presentar a un tribunal médico del ejercito que al final me dio apta, tenían que pasar unos cuantos meses para volverme a presentar y me estaba preparando. Les conté a mis padres que quería meterme al ejercito, así como a Fran los cuales tragaron sin saber mis verdaderas intenciones, las de volver a su lado, que casualidad que la especialidad escogida tenia que realizarse cerca de Zaragoza durante más de 9 meses.

Al realizar las pruebas aprobé para trabajar de electricista esa era la especialidad, aunque yo quería administrativa, no me daba la nota. Lo importante es que se realizaba en Zaragoza.

Cuando me destinaron allí para mis estudios militares, el primer fin de semana libre me fui a Zaragoza de fiesta, conseguí una habitación en un hostal baratillo y llame a Ana para quedar, ella no puso objeción y me recogió. Ya se había sacado su carnet de conducir y llevaba un Peugeot rojo de los antiguos algo, con su L detrás, también junto ella iba una chica, su nueva novia, Ana me dijo que éramos dos gotas de agua en el sentido de que ella tenía novio y se iba a casar pero no tenia clara su sexualidad, ¿chistoso verdad? Le conté que me metí en el ejercito como me pidió ella, Ana no me hacia ningún caso estaba con su chica, así que mi decepción fue tal que no llegue ni a la jura de bandera, regrese a Granada de nuevo. Al despedirme Ana me dijo la semana que viene nos vemos pegándome un pellizco, como siempre me perdí para ir al hostal, Ana mientras se iba a casa de su nueva novia, yo me iba triste y perdida aunque Ana estaba preocupada por mi y me iba guiando, mientras reía en la cama con su novia.

Me fui a Granada, y volví a intentar hacer mi vida sin Ana, de vez en cuando hablábamos pero no llegábamos nunca a ningún lado. La relación con Fran duro poco lo dejamos, yo solo pensaba en Ana y no podíamos mantener aquella relación teníamos demasiadas cosas que echarnos en cara.

Volví a ir a Zaragoza a verla lo necesitaba, yo también tenia mi coche, aparque y entre a la tienda donde trabajaba, compre algo y le pidió a la otra chica que me atendiera. El caso es que el coche se me había calentado, abrí el capo para echarle liquido refrigerador, Ana preocupada salio, ¿todo va bien me pregunto? Le dije que si, que estaba dando una vuelta nada más, regrese para casa y al día siguiente me llamo, diciéndome que me extrañaba, que me amaba, que quería estar conmigo, y muchas cosas más. Cogí el coche y le dije que me iba con ella, me dijo que me odiaba y regrese.

Pasaron muchas cosas y muchos años, ya deje de saber de ella, no tenia ni idea de nada de su vida ni ella de la mía, a veces le he escrito alguna carta pero ella me ignoraba.

Pasaron desde entonces 8 años desde que la conocí…

Un día del 2011

Hoy me voy a ir de viaje, me apetece coger el coche y relajarme, siempre me a gustado irme a Zaragoza y perderme por allí, recorrer tus calles – pensaba en Ana- A veces me dolía ir allí por los recuerdos tristes, pero también me relajaba. -Me repetía, mi tren a pasado, ya nunca volverá, necesitaría un milagro-. Lo peor de todo es que no logro olvidarte, nada me sirve, nada me vale, nada funciona, te cuelas en todos mis sueños donde el eco de tu voz retumba en mi cabeza, me persigue tu recuerdo allá en donde vaya, toda melodía me recuerda a ti, nuestras canciones, las de aquellos años, e incluso las mas modernas me tele-transportan y tu reapareces en mis pensamientos, siempre estas a mi lado. El intentar ocultar tu recuerdo me recuerda que no puedo olvidarte.

Cogí mi coche y me dirigí hacia mi ciudad querida, quería ver a la virgen del Pilar siempre la visitaba y le pedía cosas que a veces eran verdaderamente imposibles, otras bastante banales y posibles, siempre que voy le pido que te cuide y que seas feliz.

Llegue y al adentrarme en la ciudad poco a poco empezaban a aparecer sus gigantescos molinos en el horizonte, a medida que avanzaba se desvanecían en la lejanía, Bienvenido a Zaragoza ponía en la entrada, si mirabas hacia lo lejos, veías las cúpulas de la basílica del Pilar.

La Basílica un importante templo barroco de España. Según la tradición, se trata del primer templo mariano de la Cristiandad, puesto que en el se conserva y venera el pilar. El templo se articula en tres naves, de igual altura, cubiertas con bóvedas de cañón, en las que se intercalan cúpulas y bóvedas de plato, que descansan sobre robustos pilares. El exterior es de ladrillo, siguiendo la tradición de construcción en ladrillo aragonesa, y el interior revocado en estuco.

La nave central se halla dividida por la presencia del altar mayor bajo la cúpula central. El altar está presidido por el gran retablo mayor de la Asunción, perteneciente a la iglesia anterior, realizado por el escultor Damián Forment en el siglo XVI, siguiendo los modelos impuestos del retablo gótico de la vecina catedral zaragozana del Salvador (La Seo). Bajo las otras dos cúpulas elípticas de la nave central, se dispuso la Santa Capilla de la Virgen del Pilar, y el coro y órgano, que también procedían de la iglesia gótica predecesora. Actualmente se encuentran desplazados al tramo de los pies del templo, para dotar de mayor espacio a los fieles que ocupan la nave desde el altar mayor. Es además desde 2007, uno de los 12 Tesoros de España. [4]

Según la leyenda cristiana María se habría aparecido en Zaragoza «en carne mortal» sobre una columna llamada popularmente «el Pilar» en el año 40. A partir de esta creencia, la tradición religiosa habla de la presencia de una capilla mandada construir por la Virgen para alojar la columna que dejó en testimonio de su venida, y que fue ejecutada por Santiago y los siete primeros convertidos de la ciudad del Ebro.

El volumen exterior de la Basílica del Pilar alcanza proporciones majestuosas. A lo largo de los siglos, y sobre todo desde la edificación barroca, el templo ha ido engrandeciendo su silueta con el alzado de cúpulas y de torres en sus ángulos.

Están pintadas todas las cúpulas que rodean y coronan la Santa Capilla

(textos sacados de http://es.wikipedia.org)

Parecía cuando iba que justo detrás de allí se encontraba siempre mi aparcamiento reservado para mi, zona de minusválidos. Aparcaba allí y caminaba hacia su plaza allí me sentaba y miraba a la gente pasear de un lado para otros, unos iban con prisas, otros caminaban relajados, los incesantes turistas con su cámaras haciendo fotos, videos, algunos guías con grupos de gente explicando la historia de la Basílica, cuenta la historia bla, bla, bla.

Después de un rato sentada allí, me dirigí hacia dentro para ver a mi virgen, mi Pilar era la virgen de mi devoción, siempre me había ayudado de alguna u otra forma, ella siempre estaba en mi corazón y daba paz a mi alma a mis días de pesimismo, de desolación, la fe hacia ella me ayuda.

Me senté enfrente a ella, miraba a mi virgen del Pilar rezando, siempre terminaba llorando porque los recuerdos hacían que me emocionara, (estando allí la primera vez que fui le pedí a Ana que se casara conmigo y ella me respondió que SI). En aquellos días de depresión muchas veces me iba a la Basílica y me sentaba pidiéndole cosas a mi querida virgen, allí lograba relajarme y calmar mis ganas de no existir.

Sumida en mis pensamientos, alguien se sentó a mi lado, era la silueta de una mujer, la cual miraba con la misma devoción a mi virgen, justo sentada a mi lado, su pelo rizado, sus rasgos no me hacían dudar era ella, era Ana. No quería que descubriera que se había sentado a mi lado, entre ella y yo había una mujer mayor, rezaba el Ave María, en aquel instante la virgen creo que me miro e intuyo que no quería que Ana me viera, sin embargo no logro el milagro, mire hacia ella, y se cruzaron nuestras miradas, ella me sonrió, la mujer de al lado se levanto se santiguo y se fue, Ana y yo nos quedamos solas en aquel banco, ella se corrió hacia mi lado, y en voz bajita me dijo:-

¿Como tu por aquí?- Como yo por aquí, bueno pues algo de esta ciudad me llama la atención, pregunto como si jamás hubiera pasado algo malo, como si todo se desvaneciera, como dos viejas amigas que se ven de tanto en cuando, sin resentimientos-.

Pues, yo es que vengo de vez en cuando, me trae recuerdos, y lo confieso aunque supongo que lo sabrás me hice devota de ella – La verdad fue un flechazo a primera vista, la primera vez que entre en la Basílica fue con Ana, la Pilarica es pequeñita y como su nombre indica esta encima del pilar donde se obro el milagro de su aparición, Ana tuvo que hacer que me acercara para que me diera cuenta donde estaba, desde aquel momento su manto, su corona me enamoraron, a parte de que fuera la virgen que vio nacer a la maña de mi corazón.-

Imagino, que si que te traerá recuerdos, ¿como te encuentras?

Me encuentro simplemente

Ufff..., mal empezamos con esa respuesta – Que esperaba, después de tantos años sin verla, sin tener noticias de ella, ni siquiera sabia si respiraba, me trataba como si nada hubiera sucedido entre nosotras-

Salimos de aquí y vamos a tomar algo allí en la terraza, hace un día estupendo, ¿no crees?

Si buen día hace, me parece bien, y bueno ¿tu como estas, que tal va tu vida?

Yo muy bien, aunque hoy mejora el día por momentos, pues...- mejora el día por momentos me pregunte, así que le pregunte-.

¿Y eso que mejora el día por momentos?

Por ahora, eso veo, te veo diferente, más madura, siempre has tenido seguridad, pero mucho miedo

Si miedo de todo un poco, pero no miedo a ti, por ti siento otras cosas, menos miedo

¿Y que sientes?- Si le digo que la amo, voy a estropear el momento.

Te tengo mucho cariño, por todo lo que vivimos, lo bueno y lo malo, llenas mi mente de recuerdos

¿De que cosas te acuerdas?

Por ejemplo, recuerdo el día que fuimos a las fiestas del Pilar pocos días antes de irme de vuelta a Granada, me lo pase genial contigo, recuerdas que unos chicos no paraban de seguirnos con los coches de choques, y los arrinconemos. Cuando cruzamos la calle cogidas de la mano como unas quinceañeras de la mano, enamoradas, así me sentía entonces.

Si recuerdo aquel día, te saque un corazón que ponía I love you

Si lo llevo en el coche aun

¿Y tú me tienes cariño?

Cariño, rencor, recuerdo mucho dolor, ansiedad, y también recuerdo que fue un amor inesperado que creció de manera muy rápido y murió de la misma forma

¿Murió en ti?

Si, en mi murió, ¿En ti aun no? Han pasado muchos años desde que te fuiste, creo que es el tiempo suficiente para cerrar y curar heridas

Ana, cuando un amor es grande y verdadero, jamás se olvida por más que lo intentes, pero eso ya es pasado, te apetece hablar de nuestro pasado

No, creo que el pasado ya nos hizo suficiente daño, lo único que tengo que decirte es que nunca luchaste lo suficiente por mí

Luche mas de lo que te imaginas, nunca deje de buscarte, y si no he ido más a tu casa a buscarte es por no agobiarte

Si que vaya susto que me diste el día que te presentaste en casa de mis padres, y te escondiste detrás del siguiente portal, y saliste como una exhalación, me diste un susto, pensé que estabas pirada, y luego venga a seguirme al trabajo...

Pero porque era, porque tu me mandabas mensajes de amor diciéndome que me amabas, etc. Y yo sentía lo mismo, Ana yo lo intente arreglar

A veces las cosas no tienen arreglo Maggie, no lo tienen, se terminan y ya esta, siempre has sido muy cabezona

No cabezona no, solo constante, Ana. Ya estamos discutiendo parecemos un matrimonio

Discutimos porque el pasado nos duele a ambas, y si aun duele será porque aun hay sentimiento

¿Quizás pero de que nos sirve?

Te propongo algo Ana, imaginemos que no nos hemos visto jamás, que nunca nos hemos conocido, ve por aquella calle, yo me siento aquí en la plaza, cuando llegues al final sal de la calle hacia aquí y cuando cruces, yo te conoceré de nuevo desde 0, dejemos el pasado atrás, porque es solo eso pasado, tú ya no eres la misma chiquilla, y yo tampoco, existe la esencia de ellas, pero somos ambas más maduras, cambiemos nuestros caminos....

Como que me vaya y vuelva, es imposible ambas sabemos que nos conocemos, no digas tonterías

También hay recuerdos bonitos, el primer día que hicimos el amor, yo lo recuerdo con muchiiiiiiisimo cariño, quedémonos solo con lo bueno, y empecemos de 0.

Ok, me iré y reapareceré en medio de la plaza y en tu vida, pero te juro que al primer fallo me marcho

–Ana, se marcho calle arriba, quedamos que llegaría hasta el cruce con Conde Aranda pasearía un rato y bajaría de nuevo y nos encontraríamos como ya había sucedido por casualidad. Fui y pague la cuenta. Fui hacia la basílica y así de rapidísimo le pedí que me ayudara... Eran casi las 10 de la noche y Ana reaparecía por la Plaza del Pilar, se hacia como la perdida, yo me acerque a ella sigilosamente por detrás, no me vio creo que se pensó que yo me había desaparecido, pero esta vez no le iba a ser tan fácil–.

-Le toque el hombro y ella se dio la vuelta y le dije-

Desde que nací te he estado buscando y hoy por fin has aparecido en mi vida

-Le brillaban los ojos, me miro con ternura y simplemente me cogió de la mano y me dijo-

Si te portas bien te diré que te quiero, si luchas por mi te diré que te amo, si te rindes yo luchare por ti, por ahora quiero que sepas que quiero mi primera noche de amor contigo, por que al fin nos hemos encontrado, porque siempre nos hemos amado, y porque no volveré a dejar que te escapes.

-Caminábamos por las calles de la bella ciudad de mi hermosa maña, paseábamos sin hablar cogidas de la mano, solo nos mirábamos y nos decíamos todo mirándonos a los ojos, no hacia falta hablar, me llevo al hostal donde siempre me hospedaba cuando vivía allí, pidió una habitación de matrimonio y subimos en el ascensor, estaba en el séptimo piso, en el ascensor me miro dulcemente y me dijo, esta vez sin miedo, solo con el corazón..yo calle y simplemente la bese.

Ya en la habitación Ana y yo como si se tratara de la primera vez comenzamos a besarnos sin cesar, era como si se terminara el mundo, tantos años de represión eran demasiados queríamos entregarnos y recuperar aquellos 8 años. Lo besos pasaban a las caricias, y las caricias hacían que nuestro deseo se disparaba, ambas en estos años habíamos aprendido muchas cosas y pusimos todas las armas de seducción en aquella habitación, ese día saque mi lado salvaje, me arme de valor su cuerpo me excitaba demasiado, la bese apasionadamente todo lo que pude, luego le quite su pantalón, tenia una tanga negro que dejaba ver su hermoso culo. Mientras le besaba todo el cuerpo, le quite aquel molestoso y sugerente sujetador y le masaje sus pechos hermosos , mientras ella desabrochaba mi pantalón, luego le quite su tanga y sin dudarlo comencé a acariciar su intimo con mi lengua, lo besaba y lamia con amor y pasión, ella gemía mucho, lo que me excitaba aun mas, de ese modo utilizando solo mi lengua y ocasionalmente mis dedos, hice que tuviera un orgasmo, ella me beso después todo el cuerpo, hasta llegar a la parte baja, el solo hecho de que fuera ella me excitaba mucho, del mismo modo que yo a ella me hizo tener 2 orgasmos, nunca había tenido dos, Ana mientras lo hacíamos nos dábamos placer una a la otra, no paraba de gemir, y chillar, me puse encima de ella y la fricción hizo que Ana tuviera otro más, empecé a estimular su sexo de manera intensa, le succionaba su clítoris dulcemente, seguía sabiendo tan dulce como cuando la conocí, le chupe tan intensamente provocándole otro pero más intenso orgasmo. Al final me hizo parar no podíamos más, yo necesitaba demostrarle cuanto la amaba. Después de todo, exhaustas, tiradas y abrazadas en la cama, nos besamos con pasión, durante un largo periodo de tiempo y nos quedamos atontadas con nuestros ojos destalleantes de estrellitas mágicas de amor en una mirada cómplice.

¿En que piensas?-me pregunto Ana

En que te he estado buscando desde que nací, cuando salí del vientre de mi madre al abrir por primera vez mis ojos, busque encontrar tu mirada, pero allí no estabas.

A medida que iba creciendo te buscaba por todos lados, en los labios de diferentes personas, en cada mirada te buscaba sin cesar, solo el destino nos volvería a cruzar, se que tú no te acuerdas, ni siquiera yo me acuerdo mi amor, pero se que nos hemos cruzado en diferentes vidas, de diferentes formas, pero siempre desde los principios de la vida, hemos estado juntas, diferentes cuerpos, diferente piel, pero cuando tu amor y mi amor se encontraban formaban el complemento perfecto. Somos almas gemelas, siempre ha sido así, y se que cuando me muera, cuando muramos, volveremos a reunirnos, en otra vida mi amor, siempre estaremos juntas, siempre, porque este amor no muere.

Es muy lindo lo que piensas pero.... - La calle con un beso apasionado-

No pienses en nada porque hoy en este instante estamos juntas, estamos en esta vida, así que disfrutémosla. A pesar de que pasen lo años y las vidas, yo siempre te he amado y siempre te amare.

Yo también te amo, siempre ha sido así

Pues no lo olvidemos nunca mas, luchemos por este amor, volvamos a intentarlo pero esta vez sin fallar, y seamos eternamente felices.

-El hilo musical del hostal estaba puesto, y sonó la canción, nuestra canción de cuando empezábamos a conocernos "Entra en mi Vida de Sin banderas." Aquel mágico día, decidimos volver a vivir juntas y no separarnos nunca, porque el amor en la vida es lo mas bonito y no hay que dejarlo escapar jamás, Si estas enamorad@ piénsalo dos veces antes de decir ADIOS.

Una vez Ana me dijo, no me dejes si tienes dudas piénsalo una vez y otra vez hasta que te des cuenta de que lo nuestro es especial, y si sigues pensando que no, vuelve de nuevo otra vez a pensártelo y así continuamente sin parar, pero no me dejes porque esto es mágico y se que es eterno, cuando volvamos a nacer siempre estaremos juntas, de una forma u otra yo siempre querré amarte porque un instante contigo es lo que me hace falta para respirar, llenas de felicidad mi vida, gracias por tus años, gracias por tu vida-

Te amo Maggie.....

Te amo Ana, mi princesa....

FIN

www.ingramcontent.com/pod-product-compliance
Lightning Source LLC
Chambersburg PA
CBHW020912290526
45784CB00002BA/523